Thomas Brezina • Der grüne Glöckner

DIE KNICKERBOCKER-BANDE

OMNIBUS

Foto: Studio Zeggl

DER AUTOR

Thomas Brezina wurde 1963 in Wien geboren. Er lebt mit seinen Hunden Butzi und Daffi in einem chinesischen Haus am Stadtrand von Wien oder in London. Er hat bereits weit über 100 Kinder- und Jugendbücher geschrieben, die weltweit von Millionen Lesern verschlungen wurden. Sein Motto: »Lesen soll ein Abenteuer sein und Spaß machen.« Durch die Bücher von Thomas Brezina entdecken viele Kinder die Freude am Lesen.
Großer Beliebtheit erfreuen sich auch seine Fernsehsendungen und Hörspiele. Die Knickerbocker-Bande ist erfolgreich verfilmt worden.

DIE SERIE

Die Knickerbocker-Bande besteht aus:
Axel (13, der Kleinste seiner Klasse, aber eine Sport-Kanone)
Lilo (13, Ski-Ass, Bergsteigerin und Krimi-Fan; schert sich nicht, dass Zöpfe aus der Mode sind, und ist das Superhirn der Bande)
Poppi (9, Tierfreundin und Besitzerin eines eigenen Mini-Zoos, der immer größer wird)
Dominik (10, Leseratte und Wissensspeicher, der außerdem bereits in Filmen und Musicals mitgespielt hat).
Die vier sind nicht nur gute Freunde, sondern auch Junior-Detektive, die viele Fälle in aller Welt gelöst haben. Ihr Motto: Vier Knickerbocker lassen niemals locker!

Thomas Brezina

DIE KNICKERBOCKER-BANDE

Der grüne Glöckner

Illustrationen Atelier Bauch-Kiesel

OMNIBUS

LILO

AXEL

POPPI

DOMINIK

OMNIBUS

Der Taschenbuchverlag
für Kinder und Jugendliche
von C. Bertelsmann,
München

Band 20381

Siehe Anzeigenteil am Ende des Buches
für eine Aufstellung der bei OMNIBUS
lieferbaren Titel der Serie.

Umwelthinweis:
Dieses Buch wurde auf chlorfrei gebleichtem Papier gedruckt.

Genehmigte Taschenbuchausgabe Januar 1998
Gesetzt nach den Regeln der Rechtschreibreform

Die Originalausgabe erschien im
Neuen Breitschopf Verlag, Wien-Stuttgart.

Umschlagbild: Ferenc B. Regoes
Umschlagkonzeption: Klaus Renner
bm · Herstellung: Stefan Hansen
Satz: Uhl + Massopust, Aalen
Druck: Presse-Druck Augsburg
ISBN 3-570-20381-6
Printed in Germany

10 9 8 7 6 5 4 3 2 1

Inhalt

11 Axel als Einbrecher
17 Der grüne Mann
22 Weg!
29 Kampfspuren
34 Ein grüner Glöckner?
39 Eingeschlossen
47 Explosionsgefahr!
54 Der große Knall
59 Eine grüne Hand
65 Der Verdacht erhärtet sich
71 Der Paris-Plan
77 Die Ereignisse überstürzen sich
84 Ein rätselhaftes Gemälde
91 Rette deine Freunde!
97 Das Netz wird zugezogen
103 Ein unerwarteter Telefonanruf
109 In einer Gruft
114 Entführung ohne Lösegeld
119 Ohne mich!
125 Der Turm
132 Der Name des Glöckners

DIE KNICKERBOCKER-BANDE

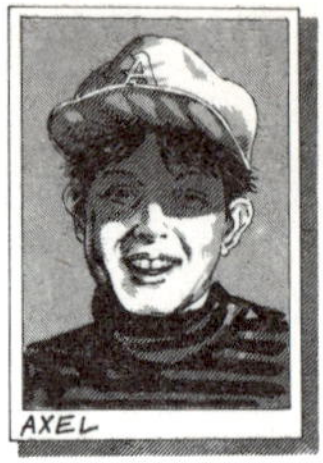

NAME: AXEL KLINGMEIER
SPITZNAME: FRÜHER SCHRUMPFKOPF, GNOMI, ZWERGI, STUMMEL, PFLAUME
ALTER: 13 JAHRE
STERNZEICHEN: STEINBOCK
HOBBYS: WECHSELN WÖCHENTLICH, HABEN ABER OFT MIT SPORT ZU TUN
LIEBLINGSSPEISE: ALLES
BESONDERE KENNZEICHEN: BIN DER KLEINSTE UNTER MEINEN MITSCHÜLERN UND DESHALB OFT VERSPOTTET WORDEN. HEUTE TRAUT SICH DAS KEINER MEHR, WEIL ICH TRAINIERT HABE UND DER BESTE SPORTLER DER SCHULE GEWORDEN BIN!

NAME: LIESELOTTE (LILO) SCHROLL
SPITZNAME: SUPERHIRN
ALTER: 13 JAHRE
STERNZEICHEN: KREBS
HOBBYS: SKIFAHREN UND BERGSTEIGEN
LIEBLINGSSPEISE: CHINESISCHES ESSEN (ICH KANN SOGAR MIT STÄBCHEN ESSEN)
BESONDERE KENNZEICHEN: HABE ZWEI BLONDE ZÖPFE, AUF DIE ICH BESONDERS STOLZ BIN. VERSCHLINGE JEDEN KRIMI, DER MIR IN DIE HÄNDE FÄLLT, UND SCHAUE MIR TRICKS VON PROFIS AB.

NAME: PAULA MONOWITSCH
SPITZNAME: POPPI (PAULA FINDE ICH EINEN HORRORNAMEN)
ALTER: 9
STERNZEICHEN: FISCH
HOBBYS: MEINE TIERE
LIEBLINGSSPEISE: FRUCHTSALAT UND MELONEN, ABER KEIN FLEISCH
BESONDERE KENNZEICHEN: ICH BESITZE EINEN MINIZOO MIT ZWEI HUNDEN, EINEM PAPAGEI, DREI KATZEN, KANINCHEN, GOLDFISCHEN, RATTEN UND EINEM WEIHNACHTSKARPFEN, DEN ICH VOR DER PFANNE GERETTET HABE. UND ES KOMMEN OFT TIERE DAZU.

NAME: Dominik Kascha
SPITZNAME: Hamlets Vater
ALTER: 10 Jahre
STERNZEICHEN: Waage
HOBBYS: Lesen. Ich merke mir fast alles, was ich einmal gelesen habe. Für die Bande sehr nützlich.
LIEBLINGSSPEISE: Spaghetti
BESONDERE KENNZEICHEN: Meine Eltern sind Schauspieler und auch ich stehe bereits auf der Bühne und vor der Filmkamera. Allerdings spreche ich zuweilen sehr kompliziert, was die anderen oft auf die Palme bringt.

Der Name

Knickerbocker-Bande ...

... entstand in Österreich. Axel, Lilo, Poppi und Dominik waren die Sieger eines Zeichenwettbewerbs. Eine Lederhosenfirma hatte Kinder aufgefordert, ausgeflippte und knallbunte Lederhosen zu entwerfen. Zum großen Schreck der Kinder wurden ihre Entwürfe aber verwirklicht und bei der Preisverleihung mussten die vier ihre Lederhosen vorführen.

Dem Firmenmanager, der sich das ausgedacht hatte, spielten sie zum Ausgleich einen pfiffigen Streich. Als er bemerkte, dass er auf sie hereingefallen war, rief er den vier Kindern vor lauter Wut nach: „Ihr verflixte Knickerbocker-Bande!"

Axel, Lilo, Dominik und Poppi gefiel dieser Name so gut, dass sie sich ab sofort die Knickerbocker-Bande nannten.

Knickerbocker-Motto 1 ...

Vier Knickerbocker lassen niemals locker!

Knickerbocker-Motto 2 ...

Überall, wo wir nicht sollen,
stecken wir die Schnüffelknollen,
sprich die Nasen, tief hinein,
es könnte eine Spur ja sein.

Axel als Einbrecher

„Wie lange haben wir noch Zeit?“, fragte Axel seinen Knickerbocker-Kumpel Dominik leise.

Der Junge drückte den Lichtknopf seiner Armbanduhr und meldete: „In exakt einer Stunde und 16 Minuten ist mit der Rückkehr Monsieur Lupins aus dem Theater zu rechnen.“

Lilo und Poppi schnaubten. „Dominik, quatsch nicht so kariert!“, schnauzte Lieselotte ihren Kumpel an. Das Superhirn der Bande war in dieser Nacht ziemlich gereizt.

„Ich drücke mich nur genau und gewählt aus!“, verteidigte sich Dominik. „Außerdem muss ich darauf bestehen, dass ...“

Axel schnitt ihm das Wort ab und befahl: „Halt die Klappe und leuchte nach vorn, sonst knallen wir gegen die Mauer und gehen unter! Darauf habe ich null Lust. Ich bin hier, um etwas zu klauen, nicht um zu baden!“

Die vier Knickerbocker-Freunde Axel, Lilo, Poppi und Dominik ruderten in einem kleinen, etwas morschen Boot über einen See. Es war wenige Minuten nach Mitternacht. Das Wasser war schwarz und glatt wie ein Spiegel und rund um sie war nur das leise Quaken von Fröschen und ab und zu der Ruf eines Uhus zu hören. Das Ziel der nächtlichen Bootsfahrt war ein Schloss, das mitten im See lag. Es stand nicht auf einer Insel, sondern direkt im Wasser. Normalerweise konnte man das Gebäude über einen schmalen Steg vom Ufer aus erreichen. In dieser Nacht war er allerdings eingezogen und der Zugang dadurch abgeschnitten.

Tagsüber strahlten die Mauern des Wasserschlosses in hellem, freundlichem Gelb. Die Fassade war glatt und schlicht. Nur über manchen Fenstern des Dachgeschosses prangten mehrere spitze Ziertürmchen. Durch sie wirkte das Schloss ein wenig wie das Kunstwerk eines Zuckerbäckers. In der Nacht erschien die Fassade grau. Man hatte den Eindruck, das Schlösschen würde schlafen. Hinter keinem einzigen Fenster brannte Licht. Das war kein Wunder. Schließlich befand sich niemand in dem Gebäude.

„Ich werde die goldene Flasche klauen“, verkündete Axel.

„Wie willst du das machen?“, wunderte sich Lieselotte. „Jedes Fenster und jede Luke des Schlosses ist vergittert!“

Axel grinste geheimnisvoll. „Für mich kein Problem!“, meinte er hochnäsig. „Der gute Monsieur Lupin wird sich wundern, wenn er nach Hause kommt und sein kostbarstes Stück flöten gegangen ist.“

„Axel, willst du wirklich in das Schloss einbrechen?“, fragte Poppi zaghaft.

„Klar will ich das!“, bestätigte der Junge sein Vorhaben. „Denk bitte daran, um wie viel Geld es geht, liebe Poppi!“

Das Mädchen schwieg. Es hatte keine Lust, als Feigling beschimpft zu werden.

„Vorsicht, wir erreichen gleich das Schloss!“, meldete Dominik an Lieselotte, die am Ruder saß. Der Junge kauerte am Bug des Bootes und leuchtete mit einer starken Taschenlampe in die dunkle Nacht. Er

streckte nun seine Füße aus und milderte dadurch den Aufprall an der Wand.

Langsam ließ Dominik den Lichtkreis seiner Lampe an der Hausmauer in die Höhe wandern. Ungefähr zweieinhalb Meter über seinem Kopf befanden sich die ersten Fenster. Über ihnen lag der zweite Stock. Danach folgte bereits das letzte Geschoss mit dem schwarzen Dach.

Gespannt blickten die drei Knickerbocker-Freunde zu Axel. „Und nun?“, fragte Lieselotte.

„Jetzt rudern wir ein bisschen weiter nach rechts!“, befahl der Junioreinbrecher.

Dominik leuchtete in die Richtung und schnappte erstaunt nach Luft. Dort baumelte ein dickes Seil, in das mehrere Knoten geschlagen waren.

„Während ihr heute mit Monsieur Lupin Tee getrunken habt, konnte ich in das Erkerzimmer schleichen und dort am Fenstergitter dieses Seil befestigen“, berichtete Axel stolz. „Ich bin eben ein geborener Gauner“, fügte er kichernd hinzu.

Er knipste seine Taschenlampe an, nahm sie zwischen die Zähne und erhob sich. Die Bande hatte das Seil erreicht. Axel packte es und kletterte flink wie ein Affe hinauf. Bald war er beim zweiten Stockwerk angelangt und steuerte bereits auf das Erkerzimmer zu.

„Bestimmt hat er das Fenster offen gelassen und steigt jetzt dort ein“, piepste Poppi.

„Quatsch mit grüner Soße“, knurrte Lieselotte. Sie war ein wenig sauer, weil Axel ihr diesmal eindeutig überlegen war. „Erstens müssen alle Fenster geschlossen sein, sonst würden die Sirenen der Alarmanlage heulen. Zweitens ist das Fenster vergittert. Axel müsste sich scheibchenweise durchschieben.“

Gespannt beobachteten die drei im Boot die gewagte Klettertour ihres Freundes.

Der Junge hatte das Ende des Seils erreicht. Er hing nun am Gitter des Fensters und wollte triumphierend nach unten sehen. Dann ließ er es aber bleiben. Er war nicht schwindelfrei.

Axel klammerte sich mit einer Hand fest. Mit der anderen zog er das Seil zu sich heran, knüpfte eine Schlinge und schleuderte diese um das Türmchen über dem Erkerfenster. Er atmete erleichtert auf, gleich der erste Versuch war gelungen! Probeweise zog der Junge einige Male fest an, um zu überprüfen, ob das Seil auch hielt. Ja, keine Gefahr!

Geschickt hangelte sich der Junge nun bis zum Dach hinauf. Auf allen vieren, zusammengekrümmt und zitternd, hockte er auf dem winzigen Vorsprung und bot ein reichlich kümmerliches Bild. Langsam hob er eine Hand, nahm die Taschenlampe aus dem Mund und richtete sie auf sein Ziel. Es befand sich noch mindestens 13 Meter entfernt, die ihm wie Kilometer erschienen.

„Was ... was hat er vor?“, keuchte Dominik im Boot.

Lieselotte schüttelte nur stumm den Kopf. Sie hatte keine Ahnung, was Axel auf dem Dach wollte.

Mittlerweile hatte es zu regnen begonnen. Dicke Tropfen klatschten in den See. Nein, damit hatte Axel nicht gerechnet. Der Junge trug zwar Sportschuhe mit einer Spezialsohle, die Nässe würde aber die Dachziegel in eine Rutschbahn verwandeln!

Für Axel bestand höchste Gefahr, in die Tiefe zu stürzen! Dabei konnte er mit dem Kopf gegen einen Mauervorsprung knallen und sich schwer verletzen.

Der Junge schüttelte den Kopf und prustete, um alle dunklen Gedanken zu vertreiben. „Jetzt bin ich schon bis hierher gelangt, jetzt will ich auch ans Ziel“, sagte er halblaut. Der Ehrgeiz hatte ihn gepackt.

Aber wie wollte er in das abgesicherte und völlig abgeriegelte Haus eindringen?

Der grüne Mann

„Ich . . . weiß jetzt, was Axel vorhat", flüsterte Dominik seinen Freunden zu. „Er will durch den Rauchfang einsteigen. In der großen Halle befindet sich doch ein offener Kamin."

Lieselotte schnalzte anerkennend mit der Zunge. Diese Idee war super. Das musste sie zugeben, obwohl sie es nicht gern tat.

Dominik hatte Recht. Axel steuerte auf den höchsten Schornstein zu. Dabei achtete er auf jede Bewegung. Jeder Griff saß, jeder Schritt wurde überprüft, bevor er fest auftrat. Axels Beine waren weich wie Pudding und er schwitzte in den Handflächen. So fest er nur konnte, klammerte er sich mit den Fingern an den rauen Dachziegeln fest.

Als er endlich den Schornstein erreicht hatte, waren seine Hände aufgeschürft und blutig. Nun befand er sich ungefähr 15 Meter über dem See. Sehr langsam und vorsichtig richtete sich der Junge auf und schlang seine Arme um den gemauerten Schlot.

Er atmete mehrere Male tief durch und begann das Seil abzuwickeln, das er sich um den Bauch gebunden hatte. Er befestigte ein Ende am Rauchfang und ließ das andere langsam durch die Abzugsöffnung nach unten gleiten. Zu Axels großer Freude stieß das Seil auf kein Hindernis. Er hatte nämlich schon befürchtet, dass Monsieur Lupin ein Gitter im Kamin hatte anbringen lassen. Aber Axel hatte Glück.

Der Knickerbocker schwang die Beine durch die

Schornsteinöffnung und ließ sich langsam in die Tiefe gleiten. Die Taschenlampe hatte er wieder zwischen die Zähne geklemmt. Das Seil war nicht sehr dick und schnitt tief in seine Hände. Jeder Griff tat weh, aber der Junge kümmerte sich nicht darum. Nach einigen Metern fand er eine bessere Lösung. Er verspreizte sich mit dem Rücken und den Beinen in dem engen Schacht und rutschte auf diese Art langsam seinem Ziel entgegen.

„Verdammt, ich werde schwarz wie ein Kaminkehrer sein, wenn ich ankomme. Das wird Spuren auf den kostbaren Teppichen hinterlassen. Mist, daran habe ich nicht gedacht", fiel Axel ein.

Ein kühler Lufthauch strich über sein Gesicht. Axel leuchtete in die Tiefe und erkannte Holzscheite. Er hatte es also fast geschafft! Nach ein paar Metern plumpste er auf die Feuerstelle, in der in dieser Nacht keine Flammen loderten.

Axel versuchte seine Jacke und seine Jeans vom gröbsten Schmutz zu befreien. Dann ließ er den Kegel seiner Taschenlampe über die wertvollen Gemälde an den Wänden, die teuren Teppiche und die goldverzierten geschnitzten Möbel gleiten. Auf einem kleinen Holzpodest, das sich in der Mitte des Raumes befand, thronte eine goldene Parfümflasche. Genau auf sie hatte es Axel abgesehen.

Als er den ersten Schritt machte, drang allerdings ein seltsamer Geruch in seine Nase. Es war frischer Zigarrenrauch. Woher kam der Rauch nur? Es war doch niemand im Schloss!

Axels Herz begann wild zu pochen. Seine Hände zitterten so heftig, dass er die Taschenlampe kaum noch halten konnte. Der flimmernde Lichtschein zuckte über den Boden und die Möbel und ... blieb schließlich an einem hohen Lehnstuhl hängen.

Der Junge konnte nicht über die hohe Rückenlehne schauen. Aber er wusste, dass jemand in dem Lehnstuhl saß. Eine dünne blau-graue Rauchfahne, die kerzengerade in die Höhe stieg, ließ keinen Zweifel daran.

Axel stand wie angewurzelt da. Was sollte er machen? Die Flasche holen und abhauen? Oder sofort durch den Schornstein verschwinden? Hatte ihn der Zigarrenraucher schon bemerkt? Handelte es sich um Monsieur Lupin, der gar nicht ins Theater gegangen war?

Über Axels Gesicht huschte ein Grinsen. Klar, das war der Schlossbesitzer höchstpersönlich, der hier auf ihn wartete. Die Knickerbocker-Bande war nämlich bei Monsieur Lupin zu Besuch. Am Nachmittag hatte der Franzose behauptet, dass es absolut unmöglich sei in sein Schloss einzubrechen. Axel hatte mit ihm gewettet, dass es ihm doch gelingen würde. Als Beweis sollte er die goldene Parfümflasche aus dem großen Salon vorweisen.

Der Junge war nahe am Ziel, und Monsieur Lupin würde Augen machen, wenn Axel vor ihm stand. 5000 französische Francs war er dem Knickerbocker-Meistereinbrecher jetzt schuldig.

Axel richtete sich stolz auf, warf die Brust heraus und rief: „Guten Abend, Monsieur Lupin“ Doch er bekam keine Antwort. Noch hoffte der Junge, dass sich der Schlossbesitzer nur einen Scherz erlaubt hatte. „Ich bin es, Axel!“, rief er. Wieder keine Antwort. Nun war auch die Zigarre erloschen.

Axel wurde sehr unbehaglich zu Mute. „Ha ... hallo ...!“, stieß er hervor. Wollte ihn Monsieur Lupin ärgern oder ...? Saß gar ein echter Einbrecher in dem Lehnstuhl?

Das alte Holz des mächtigen Sitzmöbels knarrte. Offenbar erhob sich der Unbekannte aus dem Stuhl. Axel geriet in Panik. Es blieb nicht genug Zeit, durch den Kamin zu entkommen. Wohin sollte er flüchten? Schwere Schuhe stapften über den Boden. Ein heiseres, angestrengtes Röcheln war zu hören.

„Wieso habe ich Idiot mich nur auf diese Wette eingelassen?“, schoss es dem Juniordetektiv durch den Kopf. Die Taschenlampe hielt er noch immer auf den Lehnstuhl gerichtet. Polternde, unregelmäßige Schritte kamen näher: Vor Axels Augen tauchte eine schaurige Gestalt auf.

Es handelte sich um einen Mann mit einem eckigen, übergroßen Kopf. Das rechte Auge war völlig verwachsen, der Mund verschwollen und verzerrt. Der Kopf schien so schwer zu sein, dass ihn der Mann schief zur Seite gelegt hatte. Eine Schulter hing herab, die andere war mit dem Rücken zu einem grässlichen Buckel verformt, der den Mann zwang, vornübergebeugt zu gehen. Die Horrorgestalt steckte in zerschlissenen, graublauen Klamotten aus grobem Stoff. Die Haut der Hände und des Gesichtes schimmerte gelblich grün.

Axel riss den Mund auf und rang nach Luft. Nach einigen Sekunden stieß er einen langen Schreckensschrei aus. Erst jetzt bemerkte er den schweren Hammer, den die Erscheinung in der Hand hielt. Der grüne Mann grunzte und humpelte drohend auf den Jungen zu.

Axel rutschte die Lampe aus der Hand. Sie fiel zu Boden und erlosch. Er musste sofort weg! Aber wie und wohin? Er war mit dem grünen Monster in dem Schloss eingesperrt. Die Fenster waren vergittert, die Türen mit Sicherheitsschlössern versperrt. Der Schlossbesitzer schien große Angst vor Einbrechern zu haben. Mit Entsetzen fiel Axel ein, dass Monsieur Lupin erst in ungefähr einer Stunde heimkehren würde.

Das Röcheln des grünen Mannes wurde lauter. Er kam näher!!! Axel sah nur einen Ausweg: Er musste die große Vorhalle mit dem Treppenhaus erreichen! Vielleicht konnte er irgendwo im Schloss untertauchen und das grüne Monster abschütteln!

Axel nahm allen Mut zusammen und ließ sich auf den Boden fallen. Seinen Gegner ließ er dabei keine Sekunde aus den Augen. Dieser war ungefähr zehn Schritte von ihm entfernt. Mit einem schnellen Griff gelang es dem Juniordetektiv, die Taschenlampe aufzuheben.

Jetzt hielt ihn nichts mehr. Er sprang auf und hastete auf die große Doppelflügeltür zu, die aus dem Salon führte. In der Vorhalle drehte er sich einmal im Kreis und überlegte fieberhaft, wohin er nun laufen sollte. Die breite Treppe hinauf? In den Keller? Oder in einen der angrenzenden Wirtschaftsräume? In die Küche?

Bei seinem Rundblick leuchtete Axel noch einmal zurück in das riesige Wohnzimmer. Fassungslos riss der Junge die Augen auf. Das war doch nicht möglich!

Weg!

Der grüne Bucklige war verschwunden! Axel hielt die Luft an und blieb regungslos stehen. Vielleicht hatte sich der geheimnisvolle Eindringling nur hinter einem Stuhl oder unter einem Tisch versteckt? Axel wurde unruhig. Sollte er weiterlaufen? Oder in den Salon zurückkehren? Immer wieder ließ er den Lichtstrahl der Taschenlampe über die dicken Teppiche und die protzigen Möbel streifen, die er von der Vorhalle aus durch die breite Tür sehen konnte. Nichts! Keine Spur von dem seltsamen Monster.

Axel lauschte angestrengt, konnte aber keine verräterischen Laute wie Atmen oder ein Knacken des Holzfußbodens wahrnehmen. Nur ein zartes, hohes Klirren war zu hören, doch der Junge konnte es nicht orten. Der grüne Mann schien sich in Luft aufgelöst zu haben.

„Vielleicht habe ich mir alles auch nur eingebildet", überlegte der Knickerbocker. Nein, er hatte den Buckligen gesehen. Noch immer hatte Axel den Gestank des Zigarrenrauchs in der Nase.

„Raus ... ich will so schnell wie möglich aus dem Schloss raus!", schoss es dem Jungen wieder durch den Kopf. Er musste zurück in den Salon zum Kamin, in dem noch immer das Seil hing.

Axel zögerte. Etwas hielt ihn zurück. Es war ein seltsames Misstrauen. Er spürte, dass nach wie vor irgendwo Gefahr lauerte. Der Juniordetektiv wippte vor und zurück. Er war unschlüssig, aber seine Angst wuchs von Sekunde zu Sekunde. Falls er es wirklich mit einem Gespenst zu tun hatte, konnte dieses jederzeit neben oder hinter ihm auftauchen.

Axel atmete tief ein und sprintete los. Den Blick hatte er starr auf den Kamin gerichet. Er hörte nur das Trampeln der eigenen Füße und das Pochen des Blutes in seinen Ohren. Seine Augen wirkten wie das Zoom eines Fotoapparates und holten seinen „Notausgang" immer näher heran. Doch als der Knickerbocker gerade über den Teppich lief, spürte er plötzlich eine warme, weiche Schere, die sich von oben um seinen Hals legte und zuklappte. Der Junge schrie so laut er konnte. Zu spät hatte er bemerkt, wohin der Bucklige verschwunden war.

Der grüne Mann war hinter Axels Rücken in die Höhe gesprungen und hatte sich an dem Kristalllüster festgehalten, der von der Decke hing. Mit einem Klimmzug hatte er sich offenbar hinaufgezogen und zwischen den großen Kristallstücken versteckt. Als Axel unter dem Lüster durchlief, ließ das geheimnisvolle Grüngesicht seine Beine hinunterschnellen und legte sie dem Jungen wie einen Schraubstock um den Hals. Axel warf den Kopf hin und her und boxte um sich, aber der Angreifer ließ nicht locker. Er schien äußerst gut trainiert und überaus kräftig zu sein.

Der Gestank von Moder, Schweiß, Erde und verfaulten Abfällen stach Axel in die Nase. Er musste aus dem kratzigen und groben Gewand des Unbekannten kommen. Allerdings war er nichts gegen die Folter durch das Monster. Der Knickerbocker hörte seine Wirbel im Hals knacken, als sein Kopf durch die Beinschere immer weiter zur Seite gebogen wurde. Er rang nach Luft und quetschte mit Mühe ein „Loslassen! Nicht! Bitte!“ heraus. Aber der Bucklige kannte keine Gnade. Mit einem Lachen löste er seinen Griff und ließ sich auf sein Opfer fallen.

Der Juniordetektiv sackte zu Boden und der Bucklige landete direkt auf ihm. Er saß nun auf Axels Rücken und riss ihn an den Haaren. „Hi ... runter ... Hilfe!“, keuchte der Junge. Er konnte kaum noch atmen und hatte das Gefühl, ein tonnenschweres Gewicht auf sich liegen zu haben, das ihn zerquetschen wollte.

Der Kamin, durch den Axel fliehen wollte, war nicht einmal zwei Meter entfernt. Er hätte es beinahe geschafft. Verzweifelt ruderte er mit den Armen, als wollte er sich aus der Umklammerung „freischwimmen“. Dabei spürte er etwas Kaltes, Hartes auf dem Boden. Es musste sich um den Schürhaken des Kamins handeln. Axel packte ihn.

In seiner Verzweiflung nahm der Junge seine ganze Kraft zusammen und schlug mit dem Haken nach hinten. Er traf seinen Peiniger damit hart an der Schulter. Dieser bäumte sich auf und schrie vor Schmerzen. Der Mann war für einige Augenblicke völlig mit sich beschäftigt. Axel stemmte seinen Oberkörper ruckartig in die Höhe. Der grüne Angreifer war darüber so überrascht, dass er das Gleichgewicht verlor und zur Seite kippte. Axel konnte fliehen.

Der Junge rappelte sich auf und rannte blindlings los. Er stieß gegen ein Tischchen, das polternd umfiel, prallte gegen ein Polstermöbel und knallte mit der Stirn gegen den Türstock. Endlich! Er hatte den Ausgang aus dem Raum gefunden. „Jetzt links... zur Treppe... hinauf... in ein Zimmer, in das ich mich einsperren kann!“, zuckte es Axel durch den Kopf. Er hastete weiter, fiel der Länge nach auf die Stufen, gab aber nicht auf, sondern krabbelte auf allen vieren nach oben.

Das Stiegenhaus war rechteckig um eine große Halle angeordnet, in die bei Tag durch eine Glaskuppel im Dach Sonnenlicht fiel. Jetzt war es völlig dunkel. Mit den Händen auf dem Teppichboden ertastete sich Axel den Weg. Er hatte den ersten Stock erreicht und überlegte, ob er schon hier in einen Seitengang laufen sollte. Schließlich entschied er sich dafür, weiterzuklettern.

Er robbte über die Treppe bis in den Erker und zog sich dort am schmiedeeisernen Gitter hoch, das das Stiegenhaus zum Innenhof abgrenzte. Axel rang nach Luft und versuchte sich ein wenig zu beruhigen. Er durfte jetzt keinen Fehler machen, sonst würde er diesem grünen Ungeheuer abermals in die Hände fallen. Vorsichtig hangelte sich der Junge am Handlauf des Geländers ein Stück weiter. Wieder musste er stehen bleiben, weil seine Beine fast keine Kraft mehr hatten. Der Schreck hatte ihn völlig geschwächt.

Axel lauschte in die Dunkelheit. Kam der Bucklige näher? Oder war er unten geblieben? Es war still, nur da und dort knackte ein Holzbalken, aber Schritte oder andere verdächtige Laute waren nicht zu hören. Mit Schaudern dachte Axel an das Abenteuer der Knickerbocker-Bande in Spanien. Damals waren sie auch von unbekannten Angreifern in der Finsternis bedroht worden. Eigentlich hatten sie sich dabei geschworen, nie wieder ein Schloss zu betreten, aber sie mussten diesen Eid brechen.

Axels Vater – Herr Klingmeier – war von seinem Geschäftspartner Monsieur Lupin auf ein verlängertes Wochenende nach Frankreich eingeladen worden, um gemeinsame Projekte zu besprechen. Monsieur Lupin besaß eine Parfümfabrik und belieferte die Firma von Herrn Klingmeier mit seinen Düften. Er lebte in der Nähe von Orléans, ungefähr eine Stunde Autofahrt von Paris entfernt. Axel hatte seinen Vater so lange genervt, bis dieser endlich damit einverstanden war, dass der Rest der Knickerbocker-Bande mitkam.

„Verdammt ... wieso habe ich das Maul so weit aufgerissen? Verdammt!“, verfluchte Axel im Stillen die Wette. Sein Rücken tat höllisch weh und seine Arme schmerzten bei jeder Bewegung. Er konnte noch immer nicht richtig durchatmen und hätte sich am liebsten auf den Boden gelegt. Aber er musste weiter. Irgendwohin, wo er vor dem grünen Unbekannten sicher war.

Der Junge machte einen Schritt und schrie in der nächsten Sekunde auf. Das grelle Licht einer Taschenlampe blendete ihn. Trotzdem konnte Axel genau sehen, wer sie hielt: Es war der grüne Mann aus dem Salon.

Aber wie war das möglich? Er stand *vor* Axel und wankte von einem Bein auf das andere. Es musste sich tatsächlich um eine übernatürliche Erscheinung handeln. Der Knickerbocker wirbelte herum und wollte die Treppe wieder hinunterlaufen.

Doch er kam nicht weit, denn hinter ihm stand auch der Bucklige und lachte höhnisch. Der Junge konnte seinen Schwung nicht mehr bremsen und prallte gegen die ekelig stinkende Gestalt, die sofort nach ihm greifen wollte.

Axel wich zurück, verlor die Orientierung, taumelte nach vorn und spürte dann nur noch, wie der Boden unter seinen Füßen verschwand. Der Juniordetektiv war gegen das nicht sehr hohe Gitter gerannt und über das Geländer gekippt. Schreiend stürzte er in die Tiefe.

Kampfspuren

Das Wasserschloss des Monsieur Lupin war nicht nur völlig vergittert, abgeriegelt und durch eine moderne Alarmanlage gesichert, sondern auch schalldicht. Kein einziger von Axels Schreckensschreien drang deshalb nach draußen zu seinen Knickerbocker-Freunden Dominik, Lieselotte und Poppi. Allerdings waren die seltsamen Vorkommnisse im Gebäude nicht unbemerkt geblieben. Die Juniordetektive hatten nämlich die Fenster des Salons nicht aus den Augen gelassen und zweimal einen Lichtschein beobachtet.

„Wo bleibt Axel nur so lange?“, fragte Poppi.

„Da ich weder durch Wände schauen noch hellsehen kann, weiß ich es nicht“, antwortete Lieselotte trocken.

„Eigentlich bleibt ihm als einziger Rückweg nur der Schornstein“, stellte Dominik fest. „Es könnten aber Schwierigkeiten beim Hinaufklettern aufgetreten sein.“ Das klang logisch.

Es war kurz nach ein Uhr nachts, als die drei Knickerbocker beschlossen, nicht mehr länger im Boot zu warten. Es war deutlich kühler geworden und aus dem See stiegen Nebelschwaden auf. Die feuchte Kälte kroch durch die Jacken und Pullis der drei Freunde.

Lieselotte ruderte das Boot zum Ufer zurück und band es am Landesteg fest. Gemeinsam liefen sie dann zu der langen, schmalen Brücke, die das Schloss mit dem Festland verband. Der mittlere Teil war noch immer wie eine Zugbrücke in die Höhe geklappt.

„Monsieur Lupin und Axels Vater sind noch nicht zurück“, kombinierte Dominik. „Vielleicht genehmigen sie sich unterwegs einen kleinen Drink.“

Kaum hatte er das gesagt, ertönte das tiefe Brummen eines großen, teuren Wagens hinter ihnen. Zwei grelle Scheinwerferaugen tauchten aus der Dunkelheit auf.

„Bonsoir, enfants!“ (= guten Abend, Kinder!), begrüßte sie der Franzose und blickte die drei erstaunt an. „Was macht ihr um diese Zeit hier?“

Herr Klingmeier ahnte bereits, was los war, und knurrte: „Ja, das möchte ich auch gern wissen. Wieso liegt ihr nicht in euren Betten?“ Die Knickerbocker-Bande und Axels Vater übernachteten nämlich in einem Gästehaus am Ufer. Von dort war die Bande zur nächtlichen „Einbruchs-Tour“ aufgebrochen.

„Äh ... also ... Monsieur Lupin ... es geht um die Wette“, stotterte Lilo verlegen. „Äh ... Axel ist es gelungen, in Ihr Schloss einzubrechen!“

Der Franzose traute seinen Ohren nicht. „Was? Unmöglich!“, rief er.

„Schon möglich!“, bekräftigte Poppi. „Er ist durch den Rauchfang eingestiegen!“

Der Schlossbesitzer schlug sich mit der flachen Hand auf die Stirn und schnaubte: „Richtig ... das ist möglich! Allerdings nur für sehr, sehr dünne Menschen. Axel ist ein Genie. Auf diese Idee wäre ich nie gekommen. Ich muss gleich morgen ein Gitter in den Kamin einsetzen lassen.“

Herr Klingmeier war entsetzt, schluckte und fauchte dann: „Mein Herr Sohn ist in das Schloss eingebrochen? Na, der kann was erleben!“

Sein Geschäftspartner winkte ab. „Irrtum, cher ami (= teurer Freund), er wird eine Belohnung bekommen. Er hat bewiesen, dass mein Heim nicht so sicher ist, wie es sein müsste. Aber einen Moment. Wo steckt der Junge jetzt?“

Lilo deutete mit dem Kopf auf das Schloss und meinte: „Drinnen, er kommt nicht mehr raus. Wahrscheinlich ist sein Seil gerissen.“

Monsieur Lupin nickte und ging zu einer viereckigen, dünnen Betonsäule neben der Brücke. Auf der Oberseite war eine Tastatur wie auf einem Taschenrechner angebracht. Er tippte einen zwölfstelligen Geheimcode ein, worauf sich die Lücke in der Brücke schloss. Gleichzeitig wurde die Alarmanlage ausgeschaltet und die Außenbeleuchtung ging an.

Der Franzose schritt voran und sperrte die vier Schlösser des Stahltores auf. Die drei Juniordetektive und Herr Klingmeier traten hinter dem Schlossbesitzer in die Halle.

„Hallo, Axel, wir sind's!“, rief Lieselotte. Keine Antwort. „Axel, komm her . . . Hallo!“, wiederholte Lilo. Stille.

„Er erlaubt sich wahrscheinlich einen Witz!“, meinte Poppi.

„Axel, hier spricht dein Vater! Komm auf der Stelle aus deinem Versteck. Du wirst nicht bestraft!“, verkündete Herr Klingmeier.

Als Monsieur Lupin in den Salon kam, stieß er einen entsetzten Schrei aus. „Mon Dieu (= mein Gott), wieso ist der Junge nicht nur eingebrochen, sondern hat auch noch dieses Chaos verursacht?“ Stühle lagen auf dem Boden, Teppiche waren zusammengeschoben, zwei Arme des wertvollen Kristalllüsters waren abgebrochen, zahlreiche Kristallglieder lagen herum, und aus dem Kamin führte eine Rußspur über den hellen Teppichboden. Nur ein kleines Stück davon entfernt war ein unregelmäßiger schwarzer Fleck zu sehen.

Lilo durchzuckte ein böser Gedanke: „Hier hat ein Kampf stattgefunden!“ Das Superhirn sprach ihn laut aus und erntete dafür höhnisches Gelächter von Monsieur Lupin.

„Unmöglich!“, meinte der Franzose. „Dann müsste noch ein zweiter Eindringling durch den Rauchfang gekommen sein, aber das kann ich mir nicht vorstellen.“

Lieselotte hörte nicht auf ihn, sondern begann hastig den Raum zu durchsuchen. Ein seltsamer Geruch, der so gar nicht in das Schloss passte, irritierte Lilo. Es war eine Mischung aus Moder und ungewaschenem Gewand. Wie in einer Gruft. Neben einem hohen Lehnstuhl entdeckte das Mädchen eine halbe Zigarre auf dem Boden. „Rauchen Sie?“, fragte Lilo den Franzosen. Monsieur Lupin schüttelte den Kopf.

„Dann hat sich noch jemand in diesem Zimmer befunden!“ Lilo sah nun klar. Mit Dominik und Poppi stürmte sie in die Halle und untersuchte den Boden. Axel hatte nach der Klettertour durch den Rauchfang überall schwarze Spuren hinterlassen und die waren nun sehr nützlich.

„Die Treppe . . . da . . . auch schwarz!“, meldete Dominik. Die drei Freunde stürmten – die Köpfe stets zu Boden gesenkt – die Stufen nach oben in den ersten Stock. Nichts – keine Spur von Axel.

„Da . . . da ist auch ein Fleck!“, rief Poppi und deutete auf die Stiege zum Erker. Also weiter hinauf. Die Juniordetektive betraten das Stockwerk und sahen sich um. An der Wand vor ihnen befand sich ein riesiger Spiegel in einem kostbaren Holzrahmen. Er reichte vom Boden bis zur Decke und war mindestens drei Meter breit.

Lilo zeigte auf den Boden und meinte: „Hier . . . hier ist Axel . . . na ja . . . irgendwie . . . herumgestiegen . . . da sind mehrere Schuhabdrücke. Aber dann kann ich nichts mehr sehen!"

Dominik lief zum Geländer und beugte sich darüber. Er blickte in die Tiefe und schrie leise auf: „Schnell, kommt!"

Ein grüner Glöckner?

Drei Stockwerke tiefer, auf dem spiegelnden Boden der Halle, lag der leblose Körper ihres Kumpels. Er war eigenartig abgeknickt und Axel schienen die halben Beine zu fehlen.

„Nein, nein!“, stammelte Lieselotte. „Nein, bitte nicht!“, wimmerte sie und rannte – immer zwei Stufen auf einmal nehmend – hinunter.

„Was ist?“, wollte Herr Klingmeier wissen.

„Axel ... er ist ... hinuntergestürzt ... und ... bewegt sich ... nicht!“, stieß Lilo hervor.

Axels Vater blickte in die Tiefe und wurde leichenblass. „Junge, mein Junge!“, jammerte er und folgte dem Mädchen.

Fast gleichzeitig kamen die beiden unten an und fast gleichzeitig platschte es zweimal laut.

Lieselotte und Herr Klingmeier waren ins Wasser gefallen. Der Boden der Halle war nämlich nicht aus Stein, sondern ein Becken, das randvoll mit Wasser war. Deshalb sah es wie schwarzer, blank polierter Marmor aus. Das Wasser war auch die Erklärung für Axels halbe Beine. Der Junge lag mit dem Oberkörper außerhalb des Beckens, seine Beine hingen im Wasser.

Prustend und spuckend tauchten Herr Klingmeier und das Superhirn wieder auf und schüttelten sich. Sie machten zwei Schwimmstöße und waren bei Axel angelangt.

„Hallo ... Axel ... du!“, sagte Lilo und zwickte ihren Kumpel in den Arm. Der Junge reagierte nicht.

„Er ... er ist abgestürzt ... von ganz oben ... ins Wasser ... und er ... er muss leben ... er ist zum Beckenrand geschwommen“, stotterte Lieselotte. Herr Klingmeier tastete hilflos über die Arme und den Rücken seines Sohnes, um ihn nach Verletzungen zu untersuchen. Axel stöhnte leise. „Er kommt zu sich ... er kommt zu Bewusstsein!“, japste Lieselotte.

Der Juniordetektiv schlug langsam und mit großer Mühe die Augen auf und sah Lieselotte an, als würde er sie zum ersten Mal erblicken. „Axel ... wie geht es dir?“, fragte das Mädchen aufgeregt.

„Wo ... wie ... was ist los?“, wimmerte der Junge.

Gemeinsam mit Monsieur Lupin trug Herr Klingmeier den schwer geschockten Axel nach oben. Lieselotte wollte ihnen gerade folgen, als hinter ihr eine Tür quietschte. Das Becken war nicht sehr gut beleuchtet. Trotzdem konnte das Mädchen drei Türen in der Wand erkennen. Sie waren alt und aus solidem, dunklem Holz. Eine davon war nur angelehnt und bewegte sich offenbar durch einen Luftzug leicht. Eigentlich wollte Lieselotte zu ihrem Kumpel, aber irgendetwas störte sie an dieser Tür. Das Superhirn öffnete sie zögernd und ließ das Licht in den Raum dahinter fallen. Nur etwa zwei Meter dahinter befand sich bereits eine zweite Tür. Sie war aus blankem Stahl und besaß drei große Verschlussräder. Zweifellos handelte es sich um eine Tresortür, wie sie das Mädchen bisher nur in Banken gesehen hatte. Es wollte Monsieur Lupin später fragen, wozu er einen Tresorraum benötigte. Vorher gab es Wichtigeres.

Axel lag bereits auf einem Sofa im Wohnraum und kam langsam wieder zu sich. „Ich muss wie eine Landkarte aussehen . . . so viele blaue Flecken“, flüsterte er schwach.

„Junge, was ist geschehen?“, wollte der Schlossbesitzer wissen.

„Es war ein Mann da . . . mit einem Buckel . . . und modrigen Klamotten! Er saß im Lehnstuhl und hat eine Zigarre geraucht“, berichtete Axel. Es kostete ihn viel Mühe, von den schrecklichen Erlebnissen zu erzählen.

Lilo trat zu dem Lehnstuhl und marschierte einmal rundherum. Schließlich bückte sie sich und hob etwas auf. Es war ein Zigarrenstummel, dessen Mundstück völlig zerkaut und zerbissen war. In die braune Papierhülle war ein Goldfaden eingewirkt. Das Mädchen ließ den Stummel in seiner Jackentasche verschwinden.

„Nach deiner Schilderung hat es sich bei diesem Mann um ein Wesen gehandelt, das große Ähnlichkeit mit dem berühmten Glöckner von Notre-Dame besitzt“, meinte Dominik nach Axels Bericht.

„Wer war denn das?“, erkundigte sich Poppi.

„Eine jämmerliche, verkrüppelte Kreatur, die in der Pariser Kirche Notre-Dame gelebt hat. Allerdings handelt es sich um eine erfundene Gestalt aus einem Roman. Ich habe ihn gelesen“, fügte Dominik stolz hinzu.

Axel war noch immer davon überzeugt, es mit einem echten Geist zu tun gehabt zu haben. „Er war plötzlich doppelt vorhanden . . . oben im zweiten Stock . . . vor mir und hinter mir“, erzählte er.

Dafür wusste das Superhirn eine Erklärung. „Der Glöckner stand hinter dir. Du hast sein Spiegelbild gesehen.“

Axel brachte nur ein müdes „Aha!“ heraus. „Aber er war immer lautlos unterwegs ... ich habe ihn nie gehört. Dabei war er so unförmig und schaurig ... mit dem Buckel und dem schiefen Auge!“

Monsieur Lupin quälte nur eine Frage: „Wie ist er in das Schloss gelangt? Zweifellos solltest nicht *du* sein Opfer werden, sondern *ich*! Er hat auf mich gewartet. Axel, könnte er auch durch den Rauchfang geklettert sein?“

Der Junge überlegte kurz und antwortete dann: „Nein, unmöglich! Zu stämmig!“

Der Franzose schien sehr aufgebracht und vor allem ängstlich zu sein. „Aber ... aber es gibt keinen anderen Weg in dieses Schloss. Nicht einmal eine Maus würde es schaffen, hier einzudringen. Es ist alles gesichert und vergittert. Wieso hat dieser grüne Glöckner die Alarmanlage nicht ausgelöst?“

Lieselotte beobachtete den verzweifelten Mann. Monsieur Lupin war ungefähr sechzig Jahre alt, hatte silbergraues Haar, ein längliches Gesicht und war eine überaus elegante Erscheinung. In seinem Anzug gab es keine einzige Knitterfalte, auf seinem Hemd nicht den kleinsten Fleck. Seine Krawatte war topmodern und aus Seide. Egal ob zu Hause oder unterwegs – der Mann trug immer Handschuhe. Mal weiße, mal schwarze, dann wieder hautfarbene, die kaum auffielen. Besonders ulkig fanden die Knickerbocker-Freunde sein Monokel. Diese „halbe Brille“ war zwar längst aus der Mode, doch Monsieur Lupin trug sie an einer dünnen Goldkette um den Hals. Wollte er Dinge aus der Nähe sehen, klemmte er das Monokel vor sein linkes Auge.

Mit einem Knall fiel die Eingangstür ins Schloss. Der Franzose sprang erschrocken auf und stürzte zur Tür. Die Bande – mit Ausnahme von Axel – folgte ihm. Monsieur Lupin öffnete die Tür und trat in die Nacht hinaus. Am Ende der Brücke, dort, wo sein Wagen parkte, lief jemand. Am Buckel erkannten die Juniordetektive sofort, um wen es sich handelte: Es war der grüne Glöckner, der auf eine günstige Fluchtmöglichkeit gewartet hatte.

Lilo wusste nur, dass er sich bis jetzt im Schloss aufgehalten hatte. Aber wie war er hereingekommen? Konnte er durch meterdicke Wände gehen? Und was wollte er? Wieso war er überhaupt gekommen? Das Superhirn witterte einen neuen Fall für die Knickerbocker-Bande.

Eingeschlossen

Am nächsten Morgen wurde Lieselotte schon sehr bald wach. Auf ihrer Armbanduhr war es erst kurz nach sieben Uhr. Trotzdem schaffte sie es nicht mehr einzuschlafen. Viel zu viele Fragen schwirrten durch ihren Kopf. Unruhig wälzte sich das Mädchen von einer Seite auf die andere.

„Poppi!“, rief Lilo leise. Aus Poppis Bett kam nur gleichmäßiges Schnaufen. Ihre Freundin hatte sich tief unter die Bettdecke und die Kopfkissen verkrochen. Das tat Poppi immer, wenn sie etwas Unheimliches erlebt hatten.

Lieselotte wollte mit jemandem reden und schlüpfte deshalb in ihren Jogginganzug. Sie trat auf den Gang hinaus und öffnete die Tür zum Jungenzimmer. Dort war nur Dominiks zufriedenes Schlafgrunzen und Axels gurgelndes Schnarchen zu hören.

„Penner!“, fauchte das Superhirn und ließ sich in einen gepolsterten Lehnstuhl fallen, der auf dem Gang stand. Lilo starrte in die Luft und stellte sich einen weißen Notizblock vor. Darauf schrieb sie in der Phantasie alle Fragen, die sie beschäftigten:

Frage 1: Wie ist der grüne Glöckner in das total abgeriegelte und durch eine Alarmanlage gesicherte Schloss gelangt?

Durch den Rauchfang war er nicht gekommen. Dafür gab es Beweise: Er hätte nämlich ein Boot gebraucht, sonst wäre er triefend nass gewesen. Außer dem Ruderboot, das die Bande benutzt hatte, befand sich aber kein anderes auf dem See, und der grüne Glöckner war – laut Axel – staubtrocken gewesen. Außerdem behauptete ihr Kumpel, dass die gespenstische Erscheinung so dick gewesen sei, dass sie im engen Kamin stecken geblieben wäre.

Frage 2 auf Lilos Gedanken-Notizblock lautete: Gibt es einen Unterwasser-Zugang, den nur Monsieur Lupin kennt? Oder ist der grüne Glöckner ein echter Geist, der durch Wände gehen kann?

Frage 3: Was bewahrt der Schlossbesitzer in dem Tresor auf?

Lilo zog in Gedanken einen dicken Schlussstrich. Das waren die wichtigsten Fragen, die dringend beantwortet werden mussten.

Das Mädchen ging in die kleine Vorhalle des Gästehauses und öffnete die Tür. Draußen war es sommerlich warm. Das Oberhaupt der Knickerbocker-Bande gähnte heftig und streckte sich. Es machte ein paar Schritte und stand schließlich vor der Brücke, die über den See zum Schloss führte.

Prüfend musterte Lieselotte die Fassade. Gab es doch ein Fenster, durch das man einsteigen konnte? Im Obergeschoss beobachtete sie, wie Vorhänge zur Seite geschoben wurden – und dass Monsieur Lupin in einem himmelblauen Schlafanzug auftauchte.

Der Franzose öffnete das Fenster und rief: „Guten Morgen, Lilo! Möchtest du eine Schale Kaffee mit mir trinken?“ Dazu war das Superhirn gern bereit. Die Zeit war äußerst günstig, um den Schlossbesitzer ein wenig auszuhorchen.

Eine Viertelstunde später saß Lilo mit Monsieur Lupin in der Küche und schlürfte typisch französischen

Milchkaffee. Er bestand aus wenig Kaffee und sehr viel Milch und wurde in einer hohen Schale ohne Henkel serviert. Im Backrohr hatte der Franzose dazu noch einige Briochehörnchen aufgebacken, die er nun genüsslich in den Kaffee eintauchte.

„Was? Ein Zugang durch den Keller? Unmöglich!", rief Monsieur Lupin, als ihn Lieselotte danach fragte. „Das müsste ein Unterwassertunnel sein, aber so einen gibt es nicht. Ich kenne das Schloss so gut wie meine Westentasche. Deshalb kann ich dir auch versichern, dass es keine Tür gibt, von der ich nicht weiß, wohin sie führt."

Lieselotte runzelte die Stirn. „Dann bleibt nur eine Lösung: Wir haben es mit einer echten Geistererscheinung zu tun", murmelte sie. Etwas lauter sagte sie dann: „Haben Sie schon je von einem grünen Glöckner gehört, Monsieur Lupin?"

Der Mann schüttelte heftig den Kopf. „Niemals! Noch in der Nacht habe ich in der Schlosschronik nachgelesen, aber es ist nirgendwo etwas von einem grünen Glöckner erwähnt!"

Lilo sträubte sich, an ein echtes Gespenst zu glauben. Es musste eine andere Erklärung dafür geben und sie würde sie finden. Vorher aber interessierte sie noch etwas anderes: „Was ist eigentlich in diesem riesigen Tresor?"

Monsieur Lupin hob die Augenbrauen. „Woher weißt du ...?"

Das konnte Lieselotte schnell erklären. Sie berichtete von der Tür, hinter der sich der grüne Glöckner wahrscheinlich versteckt hatte.

„Aha ... also in dem Tresor bewahre ich viel auf.

Hauptsächlich die Geheimrezepte für meine Parfüms. Aber auch einige kostbare Zutaten, von denen ein Gramm nicht einmal mit Gold aufzuwiegen ist. Einige Rezepte stammen noch aus der Zeit von Ludwig XIV., der auch der Sonnenkönig genannt wird. Er ließ Schloss Versailles errichten, wo er mit einem Hofstaat von 20 000 Menschen gelebt hat. Es gab tausende Zimmer, aber keine einzige Toilette und kein einziges Badezimmer. Die Leute haben sich nie gewaschen und waren verwanzt und voll Flöhe. Um den Gestank zu übertünchen, haben sie sich Parfüm über die Köpfe geschüttet. Tja, damals hätte man bessere Geschäfte gemacht. Auf jeden Fall sind die Rezepte sehr wertvoll und ich bin ein sehr vorsichtiger Mensch!“

„Jaja, Vorsicht ist die Mutter der Porzellankiste“, brummte Lilo.

Monsieur Lupin blickte auf die Uhr. „Wenn du Lust hast, komm doch mit in meine Parfümfabrik. Ich habe dort einiges zu erledigen. Möchtest du?“ Das Superhirn war begeistert. Allerdings wollte es seine Knickerbocker-Freunde unbedingt mitnehmen. „Na ja, versuch sie wach zu kriegen. In spätestens einer Stunde müssen wir los!“

Axel, Dominik und Poppi zu wecken war keine einfache Aufgabe. Erst als Lieselotte jedem einen Zahnputzbecher eiskaltes Wasser über den Kopf gegossen hatte, schossen die drei aus den Betten.

Auch Herr Klingmeier blieb nicht verschont. Nach vollbrachter Tat bog sich Axel vor Lachen über die erschrockene Grimasse seines Vaters.

„Warum hast du das gemacht? Ich wäre auch so aufgestanden!“, schimpfte Herr Klingmeier.

„Warum?“ Axel grinste. „Weil ich unbedingt ein bisschen Aufheiterung gebraucht habe und dein Gesicht ist einfach ein Lachschlager!“ Kichernd flüchtete der Knickerbocker in das Badezimmer und schloss sich ein.

„Nicht schimpfen“, versuchte Poppi Herrn Klingmeier zu beschwichtigen. „Denken Sie daran: Die kalte Dusche bedeutet, es geht Axel wieder gut und er hat den Schreck von gestern halbwegs verdaut.“

„So kann man's auch sehen“, knurrte Axels Vater.

Es war schon gegen elf Uhr, als Monsieur Lupin mit seinen Gästen in der Parfümfabrik eintraf. Dort wurde er bereits ungeduldig von einer sehr kleinen, dünnen Frau erwartet. Sie hatte hervorquellende Augen, die wenigen Haare zu einem Pferdeschwanz zusammengebunden und schien überaus nervös. Sie redete wild auf den Fabrikbesitzer ein, der immer wieder nickte und „oui, oui“ sagte. Das bedeutete: ja, ja!

Monsieur Lupin stellte die Frau den Juniordetektiven und Herrn Klingmeier vor. „Das ist Rose, meine Sekretärin. Sie ist besonders genau und manchmal auch sehr streng mit mir. Sie regt sich im Augenblick nur auf, weil meine Nichte Nicole bereits seit einer Stunde hier sein sollte und noch immer nicht da ist. Nicole ist Fotomodell und wir wollen mit ihr Werbeaufnahmen für meinen neuesten Duft machen. Das Parfüm heißt ‚Liebesfeuer‘.“

Axel pfiff anerkennend durch die Zähne. „Ein Fotomodell, das ist ja spitzenmäßig. Ich wette, Nicole sieht super aus!“

Monsieur Lupin nickte. „Das tut sie, und bestimmt wird sie sich freuen, wenn ihr gemeinsam Muscheln essen geht. Nicole ist nämlich kaum älter als ihr. Sie ist vierzehn."

Axel pfiff abermals. „Alle Achtung, mit vierzehn schon Fotomodell. Da kann sich Lieselotte bestimmt ein paar Schönheitstipps bei ihr holen. Die hat sie nämlich dringend nötig!" Für diese Frechheit versetzte Lilo ihm einen kräftigen Tritt gegen das Schienbein. „Aua ... das ist mein blauer Fleck Nummer 722!", stöhnte der Junge.

„Nicht streiten!", mischte sich Herr Klingmeier ein.

„Väterliche Hoheit, das ist Spaß!", klärte sein Sohn ihn auf.

„So, während Monsieur Klingmeier mit Rose geht und die Verträge studiert, die wir unterzeichnen wollen, mache ich für euch eine Führung durch die Fabrik", verkündete der Gastgeber den Knickerbockern. Axel, Lilo, Poppi und Dominik waren einverstanden. Sie waren sehr auf die Duftküche gespannt.

Gemeinsam mit Monsieur Lupin betraten sie eine lange, hohe Halle, in der sich mehrere riesige, bauchige Kupferkessel befanden, die wie Riesenzwiebeln aussahen. In denen, erklärte ihnen der Fabrikbesitzer, wurden die Parfüms „gekocht". Dahinter füllten ratternde Maschinen die kostbaren Düfte in kunstvoll geformte Glasfläschchen. Diese wurden anschließend in Kartons verpackt und in Schachteln geschichtet. Außergewöhnliche Duftwolken erfüllten den Raum.

Neben der Halle befand sich ein kleines Labor, das durch zwei Sicherheitstüren mit mehreren Schlössern abgeriegelt war. „Das ist meine Hexenküche", erklärte Monsieur Lupin. „Hier werden die Düfte gemischt. Übrigens kennt keiner meiner Mitarbeiter ein ganzes Rezept. Jedem sind nur einige Zutaten bekannt. Den letzten Schliff verpasse ich den Düften höchstpersönlich. Diese Duftessenzen werden in den Maschinen mit reinem Alkohol vermengt – das Parfüm ist fertig."

Der Franzose verschloss wieder alle Türen und führte die Bande in einen Lagerraum. Bis hoch unter das Dach stapelten sich hunderte blaue Plastikfässer in einer Art Gitterkäfig. „Das sind die Behälter mit dem Alkohol", erklärte Monsieur Lupin. Dominik musterte die Fässer. Auf allen warnten die berühmten Totenköpfe vor der Gefährlichkeit des Inhalts.

Außerdem war neben ihnen noch eine Flamme aufgezeichnet. Sie bedeutete: höchste Brandgefahr.

„So, das war's!", schloss der Parfümhersteller die Führung. „Kommt, wir gehen zurück in mein Büro." Monsieur Lupin wollte die Tür öffnen, durch die sie gekommen waren, aber es ging nicht. Er probierte alle Schlüssel durch, rüttelte an der Klinke, doch ohne Erfolg.

„Welcher Idiot hat uns eingeschlossen?", schimpfte er.

„Gibt es keinen anderen Ausgang?", fragte Dominik.

Der Franzose schüttelte den Kopf. „Nein, nur das Einfahrtstor, aber zu dem habe ich keinen Schlüssel mit. Ich werde sofort jemanden rufen, damit er uns rauslässt!" Der Mann trat zu einem Telefonapparat, der an der Wand befestigt war, und wollte eine Nummer wählen. Verdutzt presste er den Hörer an das Ohr. Es kam kein Laut heraus. Das Kabel war aus dem Gerät gerissen worden.

„Was soll das? Wer hat das getan?“, keuchte Monsieur Lupin.

In diesem Moment schrie Poppi auf und deutete zur Decke der Lagerhalle. Dort war eine Luke geöffnet worden, durch die jemand auf den Turm aus Alkoholfässern kletterte. Nun wussten die Juniordetektive, wer sie eingeschlossen hatte.

Explosionsgefahr!

Der grüne Glöckner war wieder da. Lilo, Poppi und Dominik mussten ihrem Kumpel Axel Recht geben. Er sah grauenhaft aus. Seine Arme und Beine, sein ganzer Körper, alles wirkte verdreht und verbogen. Hinter dem Kopf wölbte sich ein hoher Buckel, der den Mann zwang, stets vornübergebeugt zu gehen.

Die Spukgestalt ließ sich plump durch die Luke gleiten und glotzte von dem hohen Fässerturm auf die Bande und den Fabrikbesitzer hinunter. Der Glöckner verzog den schiefen Mund zu einem widerlichen, bösartigen Grinsen und lachte heiser. Er hob den linken Arm, wobei die Hand schlaff nach unten hing, und winkte den entsetzten Gefangenen damit spöttisch zu. „Adieu!“, krächzte er und brach wieder in Gelächter aus.

„Was ... was heißt adieu?“, piepste Poppi.

„Es handelt sich um einen Abschiedsgruß“, erklärte Dominik altklug.

„Das weiß ich selbst, du Klugscheißer!“, bellte Poppi ihn an. „Aber was hat ... dieses Monster vor ... wer ist das überhaupt?“

Monsieur Lupin löste sich aus der Starre und trat zu dem Gitterverschlag, in dem die Alkoholfässer lagerten. Er rüttelte an der Tür, aber die war ebenfalls abgesperrt. Drohend hob er die Faust in die Richtung des Glöckners. Der wusste genau, dass er sich in diesem „Käfig“ in völliger Sicherheit befand. Es war der Knickerbocker-Bande und dem Parfümhersteller also

unmöglich, zu dem Ungeheuer zu gelangen. Aber was hatte der Glöckner überhaupt vor?

Sekunden später wussten es die Juniordetektive. Der Mann mit dem grünen Gesicht zog unter seiner zerfetzten, verdreckten Jacke eine ungefähr 50 Zentimeter lange Röhre heraus, die doppelt so dick wie ein Arm war. Axel kniff die Augen zusammen und dachte angestrengt nach. Woher kannte er dieses Ding? Die Röhre war außen mit glitzerndem, gestreiftem Papier beklebt und an beiden Enden mit knallroten Deckeln verschlossen.

„Eine Bombe . . . !“, schrie der Junge plötzlich.

„Was???“, kreischten seine Freunde.

„Das ist eine Partybombe“, erklärte Axel. „Dieses Ding ist eine Art Feuerwerk, aus dem glühende Leuchtkugeln und Funken heraussprühen! Wenn eine davon ein Alkoholfass entzündet, fliegt der ganze Turm mitsamt der Halle und *uns* in die Luft. Das gibt eine Wahnsinnsexplosion. Von uns bleiben höchstens ein paar Fetzchen übrig!“

Fast gleichzeitig stürzten die vier Knickerbocker zu dem Gitter, rissen fest daran, sodass es laut klirrte und klapperte, und kreischten: „Nicht . . . machen Sie das nicht! Halt! Wieso . . . was soll das? Wir sind unschuldig!“

Der Glöckner lachte nur heiser und spuckte hinunter. Er ließ sich durch die Schreie in keiner Weise bei seiner Arbeit stören. Seelenruhig öffnete er das oberste Fass und stemmte es unter rasselndem Keuchen in die Höhe, ließ es nach vorn kippen und schüttete den Inhalt über den Fässerturm. Augenblicklich war die Halle von Alkoholgeruch erfüllt. Danach turnte der

Mann mit seinen Klumpfüßen über die anderen Plastikbehälter und zog an der Oberseite die Verschlusskappen heraus. Geschickt erklomm er wieder die Spitze des Fässerberges und befestigte dort mit einem breiten, starken Klebeband die Partybombe. Höhnisch lachend zog er eine Spule aus der Tasche und wickelte einen dicken braunen Faden um den Feuerwerkskörper. Noch einmal winkte er mit der schlaffen Hand zum Abschied und krächzte abermals „Adieu!", bevor er sich durch die Luke schwang. Von der Spule wickelte er das Seil ab, das jetzt von der Partybombe hinauf auf das Dach führte.

Lieselotte wusste sofort, worum es sich bei diesem Seil handelte. „Das ist eine ... Zündschnur!", stieß sie hervor. „Der grüne Glöckner will uns in die Luft sprengen! Er legt sie jetzt bis zu einem Platz, wo er in Sicherheit ist. Dort wird er sie anzünden. Die Flamme frisst sich dann an dem Faden entlang bis zu der Bombe und lässt sie hochgehen. Eine Sekunde später gibt es die Stichflamme des Jahrhunderts!"

Monsieur Lupin war schneeweiß im Gesicht. Er zitterte am ganzen Körper und nahm die vier Knickerbocker liebevoll in die Arme. „Kinder ... das alles kann nur mir gelten ... Vielleicht handelt es sich um einen Anschlag von der Konkurrenz ... Und ihr werdet da hineingezogen", flüsterte er. „Das ... das will ich nicht. Wer tut so etwas?"

Lilo atmete tief. Sie versuchte so viel Sauerstoff wie möglich in ihre Lungen zu pumpen, damit ihr Hirn angeregt wurde. „Denken, denken, denken!", sagte sie halblaut vor sich hin. „Nicht erstarren, denken!"

Über ihren Köpfen hörten die Juniordetektive den

grünen Glöckner über das flache Wellblechdach humpeln. Jeder seiner schleifenden Schritte klang wie ein Donnerschlag. Unterwegs öffnete das rätselhafte Ungeheuer eine Dachluke nach der anderen und streckte sein grinsendes Gesicht durch. Geschickt legte es die braune Zündschnur über die Lüftungsöffnungen und setzte seinen Weg fort.

„Dieser Saukerl ... dieser Folterknecht ... dieser brutale Typ ... das tut er nur, um uns zu quälen!“, keuchte Axel. „Er will, dass wir sehen, wie die Zündschnur abbrennt und das Feuer immer näher zu den Fässern kriecht!“

Panik! Die vier Knickerbocker und der Fabrikbesitzer rannten kreuz und quer durch die Lagerhalle. Zu ihrem Entsetzen bemerkte Lieselotte jetzt auch noch die hohen Papier- und Kartonstapel, die neben den Alkoholfässern gelagert waren. Sie würden im Nu Feuer fangen.

„Aufmachen! Hilfe, hört uns denn keiner?“ Axel und Poppi trommelten mit den Fäusten gegen das hohe, rostrot gestrichene Schiebetor der Halle.

„Da draußen ist keiner ... dort befindet sich ein Hof, der von meterhohen Mauern umgeben ist. Es hört euch keiner!“, sagte Monsieur Lupin.

Dominik trat mit den Schuhen gegen die Tür, durch die sie gekommen waren. Vielleicht gab sie nach.

„Lass das, Junge! Sinnlos! Die Tür ist durch ein Spezialsystem mit Stahlrohren verspreizt, die sich beim Absperren in den Türrahmen schieben. Auch hier wird uns keiner hören, denn zu dem Labor habe zur Zeit nur ich Zutritt!“

Lieselotte war etwas klar: Die ganze Aktion des

grünen Glöckners war genau geplant. Er wusste, was er tat und dass er Erfolg haben würde.

„Nein! Nein! Ich will raus!“, brüllte Dominik aus Leibeskräften. „Ich will nicht in die Luft fliegen! Hilfeeeeeeee!“ Seine Stimme kippte und danach brachte er keinen Ton mehr heraus.

Der grüne Folterknecht war bei der siebenten und letzten Luke auf dem Dach angelangt und blickte hochnäsig auf seine Opfer hinunter. Wieder spuckte er und zog ein Feuerzeug aus der Tasche. In der einen Hand hielt er das Ende der Lunte, in der anderen das Feuerzeug. Zipp! Er ließ die Flamme in die Höhe schießen und näherte sie im Zeitlupentempo der todbringenden Feuerschnur.

„Nicht!“, bettelte Lieselotte. „Nonono! Bitte nicht!“

Der Kerl schien Mitleid zu haben. Er ließ die Hand mit der Schnur sinken und zog unter unverständlichem Gelalle eine Zigarre aus seiner Jackentasche. Er steckte sie in seinen schiefen Mund und schmauchte sie an. Genüsslich blies er Rauchwolken in die warme Frühsommerluft.

Die vier Knickerbocker-Kumpels und Monsieur Lupin standen unter Hochspannung. Sie zitterten vor Aufregung und Angst, was der verrückte Unbekannte als Nächstes tun würde. Lilo und Axel ballten die Hände zu Fäusten und drückten die Fingernägel so tief in die Haut, dass es wehtat. Dominik kaute nervös seine Unterlippe blutig und Poppi riss an ihren Haaren.

„Hohoho!“ Wieder lachte der Glöckner, der sich an der Angst der Knickerbocker und des Mannes weidete. Er schien sehr viel Spaß daran zu haben.

„Bitte . . . bitte tun Sie es nicht! Bitte!“, flehte Lieselotte und sagte zu Monsieur Lupin: „Los, reden Sie auf den Mann ein. Fragen Sie ihn, wieso er das tut!“

Der Franzose schluckte und brachte nur mit Mühe einige Worte über die Lippen. Es schien, als hätte er damit das Ende besiegelt.

Teuflisch lächelnd hielt der Bucklige das Ende der Zündschnur an die Spitze der Zigarre und nahm einen kräftigen Zug. Die Glut leuchtete auf und augenblicklich sprühten Funken von dem braunen Faden. Der grüne Glöckner ließ ihn fallen und verschwand aus der Luke. Schnell kroch das Feuer in Richtung Alkoholfässer. Es blieben höchstens noch zwei Minuten bis zum großen Knall!

Der große Knall

„Jetzt oder nie!“, schrie Lieselotte. „Alle herhören, ihr tut jetzt, was ich befehle!“

Axel wurde vor Zorn knallrot im Gesicht. „Du blöde Angeberin! Tu nicht so, als wärst du ein Oberfeldwebel, du Kuh!“, fauchte er sie an.

Für diese Bemerkung versetzte ihm Lilo eine schallende Ohrfeige. „Du Dummgummi, es geht um unser Leben, wir müssen zusammenhalten!“ Ihr Kumpel wollte noch etwas antworten, aber das Mädchen ließ es nicht dazu kommen. „Los, wir müssen das Feuer löschen!“, kommandierte das Superhirn.

„Geht nicht!“, jammerte Dominik. „Die Luken befinden sich in über vier Metern Höhe. Wir können die Zündschnur nicht erreichen!“ Mittlerweile hatten die Todesfunken Luke Nummer sechs erreicht.

„Wir ... wir ... wir klettern das Gitter hoch und reißen die Zündschnur einfach aus dieser Partybombe! Wieso komme ich erst jetzt auf die simpelste Idee?“, verkündete Lieselotte. Das Mädchen stürzte zum Gitter und hangelte sich geschickt an den dünnen Stangen nach oben. Flink wie ein Affe erreichte Lilo ihr Ziel und streckte den Arm zwischen den Metallstäben durch.

„Und ... los ... reiß ab!“, riefen ihr die anderen von unten zu.

Lieselotte quetschte ihre rechte Schulter zwischen die Stangen und versuchte den Arm so lang wie möglich zu machen. Sie stöhnte und schwitzte vor Anstrengung und Aufregung. Das Mädchen strampelte mit dem ganzen Körper. Es fischte nach der Zündschnur und schaffte es schließlich, sie mit den Fingerspitzen zu berühren.

„Fast... noch einmal!“, feuerten Dominik und Monsieur Lupin sie an.

„Ich brauche einen Stock oder etwas Ähnliches!“, rief Lilo hinunter. Sofort stoben alle auseinander und suchten die Halle ab. Ohne Erfolg. Es war absolut nichts Stabähnliches zu entdecken. „Lasst es, ich versuche es noch einmal so!“, meinte das Superhirn.

Lieselotte sammelte alle Kräfte und biss die Zähne zusammen, denn ihre Schulter schmerzte schauerlich. Wieder streckte sie ihren Arm vor und holte dazu auch noch Schwung. Ihr ganzer Körper krachte gegen das Gitter und ließ es bedrohlich klirren. Zum Glück gab es ein kleines Stück nach. Als sie ihre Finger krümmte, wurde sie von den gebogenen Gitterstäben aber wieder zurückgeschleudert, streifte dabei das braune Seil und bewirkte das Gegenteil von dem, was sie geplant hatte. Die Zündschnur rutschte in der Dachöffnung weiter nach hinten und war nun absolut außer Reichweite.

„Nein! Nein!“, stöhnten die anderen. Dominik beobachtete entsetzt, dass die Funken gerade über die fünfte Luke krochen. Der verbrannte Teil der Lunte rieselte als Asche in die Lagerhalle.

„Wasser! Wir löschen die Zündschnur einfach!“, meldete Poppi und deutete auf einen Wasserhahn in der Wand. An dem Hahn hing ein höchstens einen Meter langer Schlauch, mit dem wahrscheinlich ein paar Mal im Jahr der Betonboden sauber gemacht wurde.

„Der Schlauch ist zu kurz! Damit können wir weder

in die Dachluken noch bis zu der Bombe spritzen!“, rief Lieselotte. „Ich glaube ... ich meine ... ich denke ...!“ Dem Superhirn waren die Ideen ausgegangen. Lilo kletterte hinunter.

„Du hältst jetzt einmal die Klappe, Frau Superschlau!“, schnauzte Axel sie an. „Wir haben schon genug Zeit verloren.“

Poppi schob sich zwischen die beiden älteren Knikkerbocker und stampfte mit dem Fuß auf. „Hört mit der Streiterei auf, sonst verlieren wir noch mehr Zeit!“, schimpfte sie.

Lilo und Axel vermieden es, sich in die Augen zu schauen. In letzter Zeit tobte ein Machtkampf um die Anführerschaft der Knickerbocker-Bande zwischen den beiden. Lieselotte hatte soeben eine Runde verloren. Es fiel ihr schwer, zuzugeben, dass sie nicht weiterwusste und auf Axel hören musste.

Der Junge schob das Mädchen deshalb einfach zur Seite und rannte zu dem Wasserhahn. Er riss den Schlauch herunter.

„Was soll das?“, brummte Lieselotte.

„Los, schnappt euch Schachteln ... nehmt diese Kartons, in die sonst die Parfümflaschen eingepackt werden, und füllt sie mit Wasser. Bringt sie her! Schnell! Wir müssen eine Art Kette nach oben zur Partybombe bilden!“, kommandierte Axel.

Über ihren Köpfen ertönte ein leises Brausen und Säuseln. Eine Windböe fegte über das Dach. „Hoffentlich bläst sie die Lunte aus!“, flehte Dominik. Aber sein Wunsch ging nicht in Erfüllung. Im Gegenteil, der Wind fachte das Feuer an und bald tauchte die Glut in der vierten Luke auf. Das Knistern und Zischen klang in den Ohren der Bande wie das Heulen einer Motorsäge, die herrenlos durch die Luft auf sie zuflog.

Mit dem Schlauch zwischen den Zähnen kletterte Axel die Gitterstäbe nach oben. Was Sportlichkeit betraf, stand er dem Superhirn in nichts nach. „Los ... Wasser ... rauf!“, trieb er seine Kumpels an. Lieselotte hatte eine Schachtel bereits gefüllt und nahm die obere Deckellasche wie einen Tragegriff in den Mund. So stieg sie zu ihrem Kumpel hinauf.

„Beeilung ... schnell! Das Feuer ist schon bei Luke drei!“, brüllte Poppi verzweifelt. Axel streckte den Arm nach unten und wollte den wassergefüllten Karton packen. Aber durch das Wasser war das Papier aufgeweicht und riss. Die kostbare Flüssigkeit ergoss sich auf den Boden.

„Blödmann!“, fluchte Lieselotte und wollte wieder hinuntersteigen.

„Bleib da ... jemand anderer soll dir entgegenkommen ... Kette bilden!“, lauteten die knappen Kommandos des Jungen. Was hatte er vor?

Monsieur Lupin hob Poppi hoch, sodass sie sich auf eine Querstrebe der Gitterwand stellen konnte. Mit ausgestreckten Armen konnte sie Lilo eine andere Schachtel mit Wasser reichen. Vorsichtig balancierte diese die kostbare Fracht in die Höhe zu Axel. Der Junge goss sich das Wasser in den Mund, bis er volle Backen hatte. Er steckte den Schlauch nach und richtete das andere Ende auf die Partybombe. Axel pustete nun mit großer Anstrengung das Wasser auf die Gefahr. Aber nur ein kleiner Schwall platschte auf eine der Alkoholtonnen. „Ich muss mehr Wasser nehmen und stärker pusten“, stellte der Junge fest.

„Dann tu's!", schrie Lieselotte. Beim nächsten Versuch verschluckte sich Axel allerdings und wurde von einem Hustenanfall geschüttelt.

Währenddessen war die Zündschnur längst über Luke Nummer zwei abgebrannt und schwarz. Das Feuer näherte sich bereits dem Fässerturm. Ein einziger Funken genügte, um die Katastrophe auszulösen.

Axel würgte und kämpfte mit sich. Noch einmal nahm er einen großen Schluck Wasser und spuckte die Flüssigkeit vorsichtig in den Schlauch. Über ihm kam das Zischen der Lunte immer näher. Axel versuchte hastig, noch mehr Wasser in den Schlauch zu bekommen, und achtete darauf, dass es am anderen Ende nicht gleich wieder herausrann. Er richtete das Spritzende auf die Zündschnur und wusste, dass er nun alles auf eine Karte setzen musste, wenn er die Glut löschen wollte, sobald sie in erreichbarer Nähe war.

Da . . . da waren sie! Die Funken flogen wie eine rote Hornisse über die Kante der Dachluke und schwirrten schnell an der Zündschnur herab auf die Partybombe zu. Axel holte tief Luft und blies mit aller Kraft in den Schlauch.

Eine grüne Hand

Die Wasserladung verfehlte die glühende Stelle der Zündschnur um einige Zentimeter, sodass das Feuer weiterkriechen konnte. Es war nur noch einen Meter von der Bombe entfernt. „In Deckung!“, schrie Lieselotte und kletterte zappelnd hinunter. Poppi ließ sich einfach in die Arme von Monsieur Lupin fallen und Dominik war ohnehin schon hinter einen Stapel von Kartons gekrochen.

Axel bekam einen Schweißausbruch. Er war der Bombe am nächsten. Würde er es rechtzeitig schaffen, sich in Sicherheit zu bringen? So schnell wie möglich ließ er sich an den Stangen in die Tiefe gleiten und schrie dabei vor Schmerz auf, da die Metallstäbe durch die Reibung heiß wurden. Hopp! Das letzte Stück sprang Axel einfach hinunter. Geduckt jagte er zu dem Kartonstapel, hinter dem die anderen Schutz gesucht hatten. Erschöpft ließ sich der Junge neben seine Freunde auf den Boden fallen und presste schützend die Hände auf den Kopf.

Stille! Es tat sich überhaupt nichts. Kein Knall, kein Zischen, keine Explosion. Vorsichtig lugte Lieselotte an der Seite des Stapels hervor und stieß gleich darauf einen Freudenschrei aus. Die Lunte war verloschen. Das Wasser hatte zwar nicht die Glut, dafür aber ein anderes Stück der Zündschnur getroffen. Sie war nun zu feucht, um das Feuer weiterzuleiten. Die Gefahr war gebannt!

Jubelnd sprangen die Knickerbocker empor und

führten einen Freudentanz auf. Monsieur Lupin rang nach Luft und hielt die Hände auf sein Herz, das noch immer wild pochte. „Gut gemacht, Axel... tolle Idee!", beglückwünschte Lieselotte ihren Kumpel. Es fiel ihr schwer, dieses Lob auszusprechen, aber Axel hatte es verdient. Der Junge kontrollierte noch einmal die Zündschnur. Nicht der kleinste Funken war zu entdecken.

„Raus... jetzt schnell raus hier!", krächzte Dominik.

„Da wirst du dich schon noch ein Weilchen gedulden müssen, bis jemand kommt", meinte der Fabrikbesitzer.

Zum Glück mussten die vier Gefangenen nicht lange warten. Bereits zehn Minuten später wurde das Schiebetor geöffnet, weil eine neue Lieferung Verpackungskartons eingetroffen war. Erleichtert stürzte die Knickerbocker-Bande ins Freie.

„Die Polizei... es muss sofort die Polizei verständigt werden! Jetzt haben Sie selbst den grünen Glöckner gesehen. Er ist verrückt und will uns... oder... Sie umbringen!", japste Axel.

Monsieur Lupin nickte. „Stimmt... ja... ich muss mich nur erst... beruhigen. Kommt in mein Büro!"

Die Juniordetektive und der Franzose liefen durch den Hof und über die Ausfahrt auf die Straße, entlang der fensterlosen Rückwand der Lagerhalle, und bogen dann nach rechts ab. Keuchend, verschwitzt und verdreckt taumelten sie in die Empfangshalle, wo der Portier saß, an dem jeder vorbeimusste, der das Werk betrat. Rechts von ihm befand sich der Zugang zum Büro von Monsieur Lupin. Als dieser die Tür aufstieß, schoss seine Sekretärin erschrocken in die Höhe. Ihre Froschaugen schienen noch mehr hervorzuquellen als sonst. Sie stellte eine Frage auf Französisch und zuckte entsetzt zusammen, als ihr Chef sie beantwortete. Zweifellos hatte er ihr berichtet, was geschehen war.

„Wo . . . wo ist mein Vater?“, wollte Axel wissen. Rose deutete auf eine angelehnte Tür, die zum eigentlichen Büro des Fabrikbesitzers führte. Herr Klingmeier saß auf einem gemütlichen Sofa und studierte noch immer die Verträge. Neben ihm lag in einem Polstersessel ein Mann mittleren Alters. Er hatte auffallend strähnige, fettige Haare. Die Beine hatte er über die Armstütze gelegt. Er rauchte. Axel schluckte, als er sah, *was* der Mann paffte: Er hielt eine Zigarre zwischen den Fingern.

Im Stuhl daneben hatte es sich ein bildhübsches, schwarzhaariges Mädchen mit einem kleinen Schmollmund bequem gemacht. Als es Monsieur Lupin erblickte, sprang es auf, fiel ihm um den Hals und zwitscherte etwas, das sehr nach „Onkel“ klang.

„Was . . . ist denn mit euch los? Wie seht ihr denn aus“, erkundigte sich Herr Klingmeier entsetzt bei der Knickerbocker-Bande.

„Der grüne Glöckner . . . war wieder da . . .“, berichtete Axel stockend.

„Ich . . . ich muss aufs Klo!“, stieß Poppi hervor und machte kehrt.

Mademoiselle (= Fräulein) Rose zeigte ihr den Weg zur Toilette, die zwischen dem Labor und der Abfüllhalle lag. Einige Minuten später wusch sich das Mädchen erleichtert Hände und Gesicht mit kaltem Wasser. Dabei fiel Poppi auf, dass der Waschraum nur ein

Fenster besaß, das weit offen stand. Als sie sich hinausbeugte, erblickte sie eine Leiter, die auf das Dach des Fabrikgebäudes führte. Es handelte sich um eine schmale Feuerleiter aus Metall, die direkt an der Mauer befestigt war.

Poppi, das jüngste Mitglied der Knickerbocker-Bande, zögerte kurz. Der Schock der vergangenen Stunde steckte ihr noch tief in den Knochen. Andererseits galt es, schnell zu handeln.

Der grüne Glöckner konnte durch dieses Fenster auf das Dach geklettert sein. Vielleicht befand er sich sogar noch oben?

Wenn das Mädchen nun zum Büro zurücklief, um die anderen zu alarmieren, hätte das brutale Monster Gelegenheit zu flüchten. Wenn Poppi den Mut fand, auf das Dach zu klettern, hätte sie wenigstens die Gewissheit, ob ihr Verdacht stimmte.

Poppi, die immer sehr darunter litt, als Feigling beschimpft zu werden, holte tief Luft und schwang sich auf das Fensterbrett. Von dort war es nur ein Schritt zur Leiter, die sie Sprosse um Sprosse in die Höhe stieg. Schnell hatte das Mädchen die Kante des Wellblechdaches erreicht, das sich nicht nur über die Abfüllhalle und das Bürogebäude mit dem Labor, sondern auch über die große Lagerhalle erstreckte. Poppi ließ ihren Blick über die weite Dachfläche schweifen. Nichts . . . absolut nichts Verdächtiges war hier zu entdecken.

Halb enttäuscht und halb erleichtert trat Poppi den Rückweg an. Sie schaute nach, wohin die Leiter führte. Das Ende befand sich nur zwei Meter unter dem Fenster in einem engen Innenhof, in dem mehrere große Mülltonnen standen.

Nur mit Mühe unterdrückte das Mädchen einen Schrei, als es eine schlaffe grüne Hand sah, die aus einer der Tonnen hing.

Der Verdacht erhärtet sich

Poppi zuckte der Schrecken durch Arme und Beine. Zitternd rutschte sie die Leiter nach unten und sprang durch das Fenster in den Waschraum. Schreiend stürzte sie auf den Gang und raste zum Büro. „Schnell, mitkommen!“, brüllte sie und winkte heftig.

„Was . . . was ist jetzt wieder?“, wollte Herr Klingmeier genervt erfahren.

„Monsieur Lupin, wie kommt man zu den Mülltonnen?“, fragte das Mädchen aufgeregt.

„Äh . . . welche Mülltonnen?“, wunderte sich der Fabrikbesitzer.

„Na zu denen, die unter dem Fenster der Toilette stehen!“, keuchte Poppi.

„Ach die . . . das sind die Container für Sondermüll. Sie werden einmal in der Woche geleert. Die Tür befindet sich auf dem Gang. Wieso?“

Poppi raste los. Lilo, Axel und Dominik folgten ihr. Sie wussten, dass es einen zwingenden Grund für die Aufregung ihrer Freundin geben musste.

Bei der Tür blieb Poppi stehen und stieß hervor: „Ich . . . ich mache sie nicht auf! Der grüne Glöckner hat sich nämlich in einer der Mülltonnen versteckt . . . ich habe seine Hand gesehen!“

Monsieur Lupin, der Poppis Worte gehört hatte, riss die Tür auf und rannte in den Hof. Das Poltern und Donnern von Mülldeckeln war zu hören. Kopfschüttelnd kehrte der Franzose gleich darauf zurück. „Nichts . . . in den Tonnen ist nur Müll!“, erklärte er.

Die Bande drängte sich an ihm vorbei, um seine Aussage zu kontrollieren. Leider mussten sie Monsieur Lupin Recht geben. Der grüne Glöckner war verschwunden. Die Tonne, aus der seine Hand gehangen hatte, stand offen und war zur Hälfte mit Plastiktüten gefüllt.

Als die Juniordetektive in den Gang zurückkehrten, tauchte der Typ mit den fettigen Haaren auf. Das Mädchen trippelte hinter ihm her. „Ist was los?“, radebrechte sie auf Deutsch und kicherte.

Monsieur Lupin nickte nachdenklich. „Darf ich vorstellen, das sind meine Nichte Nicole und Monsieur Pierre Remy, ein ausgezeichneter Werbefotograf.“

Axel wurde unruhig. „He ... die beiden haben doch gleich nach Poppi das Büro verlassen ... vielleicht ist einer von den beiden der grüne Glöckner!“, zischte er Lieselotte ins Ohr.

„Unmöglich“, wisperte das Superhirn. „Der grüne Glöckner muss sich schon länger in der Tonne versteckt haben.“

Axel wusste aber noch etwas: „Dieser Pierre Remy raucht dieselbe Zigarrenmarke wie der grüne Glöckner. Ich kann mich genau an den Geruch von gestern Abend erinnern.“

Lieselotte knetete heftig ihre Nasenspitze. Sie hatte einen ganz anderen Verdacht, aber den wollte sie hier nicht laut aussprechen.

„Ich ... ich will mich endlich hinsetzen!“, flehte Poppi leise. „Meine Beine fühlen sich an wie Gummi. Ich kann nicht mehr!“

Herr Klingmeier, der mittlerweile von dem Vorfall erfahren hatte, entschied: „Ich bringe euch sofort zurück. Unter keinen Umständen möchte ich, dass ihr eure Nasen in etwas steckt, das euch nichts angeht."

Der Besuch in der Parfümfabrik endete in totalem Chaos und hektischem Hin- und Herrennen. „Wenn ich hier fertig bin, komme ich euch besuchen. Ihr müsst mir alles ganz genau erzählen", sagte Nicole und zwinkerte den Knickerbockern munter zu.

„Die hält die ganze Sache wohl für einen Witz!", knurrte Lieselotte und blickte dem schlanken, sportlichen Mädchen argwöhnisch nach. „Äh ... Monsieur Lupin, darf ich noch etwas fragen?", wandte sie sich an den Parfümhersteller.

Der Mann nickte und lächelte nervös.

„Hatten Sie gestern tagsüber Besuch in Ihrem Schloss?"

Monsieur Lupin überlegte nicht lange und antwortete: „Natürlich! Ihr wart mit Monsieur Klingmeier bei mir."

Diese Auskunft hatte Lieselotte nicht gemeint. „Ich will wissen, ob sonst wer bei Ihnen war? Jemand, der noch nie im Schloss war?"

Der Franzose hob die grauen Augenbrauen und überlegte murmelnd: „Da war nur Rose, die mir die Post gebracht hat. Ich konnte ja nicht in die Firma kommen, weil ich auf euch gewartet habe. Aber Rose kenne ich gut. Sonst? O doch!" Ihm war etwas eingefallen. „Pierre war bei mir, um die Fotos zu besprechen, die heute geschossen werden sollen. Und Nicole. Aber nur sehr kurz. Sie war gerade mit dem Zug angekommen und schleppte einen riesigen Koffer mit sich herum. Sie hat anschließend eine Freundin besucht und bei ihr übernachtet. Nicole lebt mit ihren

Eltern nämlich in Paris und ist nur wegen der Aufnahmen gekommen."

Lieselotte nickte zufrieden. „Kann jemand in die Firma kommen, ohne am Portier vorbeizumüssen?"

Monsieur Lupin schüttelte energisch den Kopf. „Nein, unmöglich. Der Portier bewacht den Eingang und verwaltet alle Schlüssel. Es ist unmöglich, ohne von ihm gesehen zu werden in das Gebäude zu gelangen."

Eine letzte Frage hatte das Superhirn jetzt noch: „Wer ist heute – außer Ihren Angestellten – in die Fabrik gekommen?"

Der Franzose ging mit der Bande zum Haupteingang und wechselte einige Worte mit dem Portier. „Abgesehen von den Lieferanten nur meine Nichte, Pierre Remy und ihr! Zufrieden?"

Lieselotte nickte gedankenverloren.

Am frühen Nachmittag saßen die vier Freunde in dem Ruderboot und ließen sich mitten auf dem See von den Wellen schaukeln. Herr Klingmeier war wieder in die Parfümfabrik gefahren und hatte die Bande allein zurückgelassen. Sie waren erschöpft und müde. Die Erlebnisse hatten sie viel Kraft gekostet. Den Platz auf dem See hatten sie gewählt, um bestimmt nicht belauscht werden zu können. Außerdem fühlten sie sich hier halbwegs vor grünen Glöcknern und anderen Ungeheuern sicher.

Lieselotte lag im Boot, den Kopf auf der Ruderbank, und starrte in das Blau des Himmels. „Passt auf, mir ist einiges eingefallen", begann sie. „Sicher ist, dass dieser grüne Glöckner es ernst meint. Er hat es zu 99 Prozent auf Monsieur Lupin abgesehen."

„So viel weiß ich aber auch“, brummte Axel.

„Hör auf, ich will nicht mehr streiten“, meinte Lilo. „Das bringt nichts und hält uns nur auf. Ich weiß, wie der grüne Glöckner in das abgeriegelte Schloss kommen konnte!“ Die anderen horchten auf.

„Er hat es nie verlassen. Der Glöckner ist kein Geist, sondern ein verkleideter Mensch. Er ist wahrscheinlich sogar hochoffiziell in das Schloss gekommen. Und dann hat er sich irgendwo versteckt und am Abend einschließen lassen. In aller Ruhe konnte er das Kostüm anlegen und im Wohnzimmer auf Monsieur Lupins Rückkehr warten. Das Gleiche heute in der Firma. Der Glöckner ist jemand, den wir dort vielleicht schon gesehen haben. Ich tippe auf ...“

Wie aus einem Munde riefen Axel und Lilo im Chor: „Pierre Remy!“ Lieselotte wandte sich an ihren Kumpel: „Deine Beobachtung mit der Zigarre stimmt natürlich. Ich weiß jetzt auch, wie sich der Fotograf in der Mülltonne versteckt hat.“

„Wie?“, wollten Poppi und Dominik wissen.

„Gar nicht!“, lautete Lieselottes Antwort.

„Aber die Hand ...“, warf Poppi ein.

„Die stammt von dem Kostüm, das er dort versteckt hat. Nachdem du es entdeckt hast, hat es der Täter in Sicherheit gebracht.“

Axel erschien das alles zu einfach. „Und was haltet ihr von Nicole ... ich meine abgesehen davon, dass sie toll aussieht?“, wollte er wissen. Lilo zuckte mit den Schultern. Auch die anderen hatten keine Meinung zu dem Fotomodell, das kaum älter war als Axel.

Das Superhirn bastelte dann allerdings einen Verdacht zusammen: „Ich glaube, diese Nicole ist gerissener, als wir im Augenblick denken. Die Zigarre könnte ein Ablenkungsmanöver sein, damit Monsieur Lupin denkt, dass Pierre hinter allem steckt." Das leuchtete ein. „Gut, dass Nicole heute kommen will. So können wir ihr ein bisschen auf den Zahn fühlen", meinte Lieselotte. „Es könnte sich um ein kleines Biest handeln!"

Axel konnte sich einen Kommentar nicht verkneifen: „Ein Biest, das allerdings äußerst gut aussieht!"

„Blödmann!", fauchte Lilo. „Du lässt dir auch von jeder Sumpfgurgelschnepfe den Kopf verdrehen."

Zum Glück war Axel zum Streiten zu müde. Also blickten die vier Juniordetektive weiter in den Himmel. Und grübelten über die unbeantwortete Frage nach: Wozu die Verkleidung des grünen Glöckners?

Der Paris-Plan

Kurz vor drei Uhr hielt ein metallic-blauer amerikanischer Geländewagen vor dem Wasserschloss. Heraus kletterten Nicole und Pierre. Das Mädchen war noch von den Fotoaufnahmen geschminkt und sah viel älter aus. Sein langes kastanienbraunes Haar war kunstvoll hochgesteckt. Als Nicole nun am Ufer des Sees stand, zog sie alle stützenden Nadeln aus dem Gebilde und ließ die Haare auf die Schultern fallen. „Huhu! Salut!“, rief es den Knickerbockern im Boot zu.

Lieselotte rappelte sich auf und legte sich in die Riemen. Als die vier Freunde wieder festen Boden unter den Füßen hatten, schüttelten sie dem Mädchen und dem Fotografen die Hand.

„Tut mir Leid, aber Pierre muss dringend zurück nach Paris, und ich möchte mit ihm fahren“, entschuldigte sich das Mädchen. Die Juniordetektive seufzten. Damit waren alle Hoffnungen auf vorsichtige Befragungen vorbei. „Aber habt ihr nicht Lust mitzukommen? Meine Eltern haben nichts dagegen, wenn ihr bei mir wohnt. Und ich habe gehört, dass mein Onkel und Axels Vater noch viel zu besprechen haben. Ihr könnt doch morgen Nachmittag mit dem Zug zurückfahren.“

Die Knickerbocker-Bande war von diesem Vorschlag begeistert. Erstens wollten die vier nach Paris, zweitens konnten sie auf diesem Weg weiterforschen und versuchen, dem grünen Glöckner auf die Spur zu kommen. Sie holten schnell Waschzeug, Schlafanzüge und Jacken und schon konnte die Fahrt losgehen.

„Fotomodell zu sein stelle ich mir spitze vor!", sagte Axel bewundernd zu Nicole.

Das Mädchen zuckte mit den Schultern. „Es klingt toller, als es ist", meinte Nicole. „Es sieht nämlich nur einfach aus. In Wirklichkeit ist es ziemlich anstrengend, den ganzen Tag zu lächeln und sich in Pose zu werfen. Aber ich verdiene damit viel Geld und das spare ich für später. Vielleicht kann ich mir eine Wohnung kaufen, wenn ich studiere. Natürlich ist es auch jetzt ganz nett, mehr Taschengeld zu haben."

Während sich Axel weiter mit Nicole unterhielt, beobachtete Lieselotte Pierre. Der Fotograf schien weder an Nicole noch an der Bande interessiert zu sein. Er starrte nur auf die Straße und kaute Kaugummi.

„He, wir müssen euren Vater noch verständigen, dass ihr mitkommt!", fiel der Nichte von Monsieur Lupin plötzlich ein. Sie nahm das Autotelefon aus der Halterung und wählte die Nummer der Parfümfabrik. Da weder Monsieur Lupin noch Herr Klingmeier zum Telefon kommen konnten, hinterließ das Mädchen eine Nachricht bei Mademoiselle Rose.

„Wir begeben uns in die Höhle des Löwen", dachte Poppi. Diese Nicole wirkte sehr freundlich, aber konnte das nicht auch Täuschung sein?

„Magst du deinen Onkel?", fragte Lilo listig.

Nicole lachte. „Er ist ziemlich schrullig und ein wenig verrückt, aber ich mag ihn. Allerdings sehe ich ihn nicht oft."

Lilo bohrte weiter: „Ist er reich?"

Nicole nickte heftig. „Sehr, sehr reich."

Das Superhirn ging aufs Ganze: „Und was hat er in dem Tresor im Schloss?"

Nicole schien überrascht. „Ich wusste nicht einmal, dass er einen Tresor besitzt“, antwortete sie.

Lilo fragte weiter: „Hat dir dein Onkel irgendwann etwas von dem grünen Glöckner erzählt?“

Die Nichte überlegte und spitzte die Lippen. Schließlich meinte sie: „Nein, ich kann mich nicht daran erinnern.“

Pierre Remy fingerte in seiner Brusttasche herum und holte eine Zigarre heraus. Lieselotte riss erstaunt die Augen weit auf. Vor dem Mundstück war ein Goldfaden in das braune Tabakpapier eingewirkt. Pierre zündete die Zigarre an, und während er vor sich hin schmauchte, knabberte er heftig an ihr.

Lilo ließ sich auf die weiche Lederbank fallen und zupfte Axel am Ärmel. Als sich der Junge zu ihr drehte, zog sie ihn ebenfalls zurück und raunte aufgeregt: „Hör zu, der Fotograf ist es. Ich habe einen eindeutigen Beweis. Frag nicht weiter. Wir müssen dem Kerl auf der Spur bleiben. Jetzt oder nie. Ich habe auch schon eine Idee.“

Lilo und Axel hatten trainiert, miteinander zu reden, ohne dass selbst Leute in der allernächsten Nähe ein Wort verstehen konnten. Hastig berieten sie Lilos Plan. Danach gaben sie ihren Kumpels ein Zeichen, dass sie mitmachen sollten – ganz egal, was geschah.

Nach einer Stunde Autofahrt hatten sie Paris erreicht. Die Wohnung von Nicoles Eltern befand sich ganz in der Nähe des berühmten Triumphbogens und lag im obersten Stock eines älteren Hauses. Die Knickerbocker schnappten sich ihre Rucksäcke und stiegen aus. Nicole bedankte sich bei Pierre fürs Mitnehmen und drehte sich danach zur Eingangstür, um aufzusperren.

Als sie den Schlüssel ins Schloss steckte und Monsieur Remy gerade losfahren wollte, schrie Lieselotte plötzlich auf und ließ sich hinter dem Auto auf die Straße sinken. Der Fotograf beobachtete das im Rückspiegel und sprang aus dem Fahrzeug.

„Was ist los? Hast du dir wehgetan?“, fragte Nicole besorgt. Die anderen Knickerbocker wieselten aufgeregt um das Superhirn herum und redeten wild durcheinander.

„Nei . . . nein“, stieß Lilo hervor. „Ich habe einen ungeschickten Schritt gemacht und mir den Knöchel verstaucht. Es war nur so ein starker Schmerz.“

Pierre nickte und fuhr sich durch die ungepflegten Haare. „Salut!“, verabschiedete er sich abermals und stieg wieder ein. Noch immer liefen die Juniordetektive hin und her und plapperten durcheinander.

„Nur herein!“, lud Nicole ihre neuen Freunde ein. Als Lilo, Poppi und Dominik neben ihr im Treppenhaus standen, streckte das Mädchen erstaunt den Kopf vor die Tür und blickte sich suchend um. „Wo ist der andere Junge?“, erkundigte es sich erstaunt, als es Axel nirgendwo entdecken konnte.

Lieselotte grinste. „Frag jetzt nicht“, gab sie sich geheimnisvoll. Sie wollte im Augenblick nichts über die Pläne der Bande verraten. Auch wenn alle Beweise auf Pierre Remy deuteten, konnte er trotzdem mit Nicole unter einer Decke stecken.

Das junge Fotomodell ließ nicht locker. „Wo ist er?“, fragte Nicole immer wieder. Aber die Knickerbocker-Kumpels schwiegen. Schließlich gab Nicole auf und führte die Freunde hinauf in die geräumige und luxuriöse Wohnung im Dachgeschoss. Sie selbst besaß ein Zimmer, das die Größe einer Schulklasse hatte. Der Fußboden war mit Kleidungsstücken übersät und auf dem Schreibtisch türmten sich Hefte und Bücher.

„Mama streikt und räumt nicht mehr auf und mich stört das Chaos nicht", erklärte Nicole. „Aber jetzt zeige ich euch Marie Antoinette und ihre Zofen!"

Dominik hob fragend die Augenbrauen. „Bei Marie Antoinette handelt es sich doch um eine österreichische Prinzessin, die mit dem französischen König verheiratet war und bei der Revolution geköpft wurde", prahlte er mit seinem Wissen.

„Meine Marie Antoinette hat den Kopf noch dran!" Nicole lachte und öffnete die Tür zu einer kleinen, kahlen Dachkammer. Gleich hinter einem großen Fenster stand ein geräumiger Vogelkäfig, in dem sieben weiße und eine graublaue Taube gurrten. Nicole zeigte auf sie und erklärte: „Das ist Marie Antoinette und die anderen nenne ich ihre Zofen. Es sind Brieftauben und ich bin sehr stolz auf sie. Sie finden immer nach Hause zurück."

Poppi freute sich, Tiere zu sehen. „Darf ich eine Taube auf die Hand nehmen?", bat sie.

Nicole hatte nichts dagegen. „Sie sind völlig zahm. Tu nur! Aber was hältst du davon, wenn wir auf den Eiffelturm fahren und eine Taube von dort fliegen lassen? Bevor wir zurück sind, ist sie schon zu Hause. Das traue ich mich sogar zu wetten!"

Poppi war begeistert. „Megaspitze!"

Lieselotte und Dominik wollten nicht mitkommen. „Ich möchte mich umschauen", raunte das Mädchen dem Jungen zu. „Du musst hier bleiben und die Stellung halten, falls Axel zurückkommt." Dominik war damit einverstanden.

„Du, Nicole, gibt es hier irgendwo eine Bibliothek, in der ich jemanden finde, der deutsch spricht und mir helfen kann, mehr über den grünen Glöckner herauszufinden?", wollte Lieselotte wissen.

Nicole schüttelte den Kopf. „Bei Bibliotheken kenne ich mich nicht aus, aber versuche es doch im Louvre. Das ist das riesige Museum, in dem auch die berühmte Mona Lisa hängt. Dort arbeitet ein Onkel von mir. Er heißt Henry und ist ein Lexikon auf zwei Beinen. Du findest ihn bei Kasse Nummer acht."

Lieselotte fuhr mit der Metro, der Pariser U-Bahn, zum Louvre, Poppi und Nicole zum Eiffelturm. Und Dominik machte es sich in Nicoles Zimmer bequem und wartete ungeduldig auf ein Zeichen von Axel.

Keiner der vier Freunde ahnte, dass sie sich in dieser Nacht nicht wieder sehen sollten . . .

Die Ereignisse überstürzen sich

Axel befand sich im Jeep von Monsieur Remy. Natürlich war Lieselottes verstauchtes Bein nur vorgetäuscht, um den Fotografen am Wegfahren zu hindern und zum Aussteigen zu zwingen. Es hatte auch einen Grund, wieso die vier Juniordetektive wie die aufgescheuchten Hühner auf dem Gehsteig herumgelaufen waren. Es war ein Ablenkungsmanöver. Axel war nämlich zurück in den Geländewagen geschlüpft und hatte sich im Fußraum hinter den Vordersitzen versteckt. Damit er nicht entdeckt wurde, hatte er sich eine dunkle Decke über den Kopf gezogen, die die Bande auf der Rückbank gefunden hatte.

Pierre Remy ahnte nichts von seinem blinden Passagier, der mitfuhr, um ihm auf der Spur zu bleiben. Wohl war Axel bei dieser Aktion allerdings ganz und gar nicht. Erstens lag er klein zusammengefaltet, die Knie bis zum Kinn gezogen, auf den harten Schienen, in denen die Vordersitze befestigt waren. Diese Schmerzen waren noch erträglich. Schlimmer waren die Ungewissheit und die Angst. Pierre Remy war der grüne Glöckner, der Axel in der vergangenen Nacht so zugesetzt hatte. Der Junge hatte mit den Bärenkräften des Mannes Bekanntschaft gemacht und keine Lust auf weitere Kämpfe. Außerdem schreckte der grüne Glöckner vor nichts zurück. Auch nicht vor Mord.

Unterwegs führte der Mann ein kurzes Gespräch über das Autotelefon. Dummerweise verstand der Knickerbocker kein Wort Französisch. Allerdings hatte er den Eindruck, der Fotograf vereinbarte einen Termin.

Axels Mund war staubtrocken und sein Hemd nass geschwitzt. Immer wieder blieb der Wagen stehen und der Junge hielt die Luft an. Stieg Pierre Remy nun aus? Würde er Axel entdecken? Aber nach einigen Sekunden ging es weiter. Der Fahrer hatte nur vor einer Ampel gehalten.

Nach einigen scharfen Kurven, bei denen der Juniordetektiv heftig hin und her geschüttelt wurde, war die Fahrt endgültig zu Ende. Fröhlich pfeifend sprang der Mann aus dem Jeep und knallte die Tür zu. Er sperrte ab und Axel hörte, wie sich seine Schritte auf dem Gehsteig entfernten.

Vorsichtig streckte er den Kopf unter der Decke hervor und hob ihn, bis er durch das Seitenfenster spähen konnte. Er sah gerade noch, wie Monsieur Remy durch eine schwarze Tür verschwand. „Das ... das reicht ... ich weiß, wo er hin ist. Ich nehme jetzt ein Taxi und fahre damit zurück zu den anderen“, überlegte der Knickerbocker. Bis er mit Lilo, Poppi und Dominik aber an diesen Ort zurückkam, würde viel Zeit vergehen. Monsieur Remy wäre dann vielleicht schon wieder weg. Oder würde er in diesem Haus als grüner Glöckner abermals zuschlagen? Vielleicht lag hinter der schwarzen Tür auch des Rätsels Lösung.

Axel kämpfte mit sich selbst. Allein wollte er nicht weitermachen. Allerdings konnte er sich die Vorwürfe vorstellen, die ihm Lilo machen würde, wenn er jetzt umkehrte.

Schließlich beschloss der Junge nach einer gewaltigen Überwindung nachzusehen, wohin die schwarze

Tür führte. Ziemlich ratlos betrachtete er die Außenwand des Hauses. Auch sie war mit schwarzer Ölfarbe gestrichen. Kein Schild, kein Fenster, kein Klingelknopf, nichts. „Perfektes Versteck!“, schoss es dem Jungen durch den Kopf. Mit zitternder Hand packte er die schwarze Klinke. Die Tür ließ sich nach außen aufziehen. Dahinter lag ein sehr langer, von einigen blau gefärbten Neonröhren nur schwach beleuchteter Gang, in dem es nach vielen Menschen roch.

Der Juniordetektiv schloss die Tür hinter sich und kramte in der Hosentasche nach seiner Lampe. Er wollte sie aber noch nicht anknipsen, weil er Angst hatte, dass ihn das Licht verraten könnte.

Auf beiden Seiten des Ganges waren Türen zu erkennen. Durch das lange Zögern des Knickerbockers hatte Pierre Remy einen großen Vorsprung. Axel fehlte jede Spur. „Vielleicht lauert er mir auch hinter einer Tür auf und überfällt mich ... wie gestern ... als er vom Lüster gesprungen ist“, schoss es ihm durch den Kopf. Er begann noch mehr zu schwitzen und seine Knie wurden noch weicher.

Die Hälfte des Ganges hatte er hinter sich. Bisher war nichts, absolut nichts zu entdecken gewesen. Kein Geräusch, kein Licht. Axel war jede Sekunde auf einen Angriff gefasst. Seine Muskeln waren angespannt.

Am Ende des Ganges stand er schließlich vor einer hellen Metalltür, die er vorsichtig aufzog. Zu seiner großen Erleichterung quietschte sie nicht. Allerdings herrschte hinter ihr absolute Finsternis. Der Knickerbocker verharrte regungslos, lauschte und wartete. Da! Flüstern ... irgendwo, bestimmt nicht sehr weit entfernt. Es war eine tiefere Stimme. Und gleich darauf antwortete eine höhere Stimme, ebenfalls im Flüsterton.

Lautlos schloss Axel die Tür und streckte die Hände aus. Ein unangenehmer Geruch stach ihm in die Nase. Er konnte überhaupt nichts sehen und versuchte sich voranzutasten. Wie ein Blinder bewegte er die Arme hin und her, um den Raum zu erkunden. Wo war er bloß?

Hoppala! Beinahe wäre er jetzt über einen unregelmäßig geformten Metallgegenstand gestolpert. Er umrundete ihn und berührte etwas, das sich nach Motorradsitz und Lenker anfühlte. Das Flüstern wurde lauter, er kam also näher heran. Unter seinen Schuhen knarrten Holzbretter. Eine eigenartige, dumpfe Stille schlug ihm entgegen. Der Juniordetektiv wusste nicht, ob er in einer kleinen Kammer oder in einem großen Saal stand.

Da wieder! Ein hohes Kichern und ein spitzer Schrei. Axel zögerte. Sollte er weiter oder umkehren? Was war hier im Gange? Der Junge fühlte sich schutzlos und ausgeliefert. Sein Herz jagte, seine Beine schwankten und rund um ihn begann sich alles zu drehen. Die Finsternis, die Ungewissheit und die Gauner, von denen er nicht wusste, wo sie sich befanden, schafften ihn total.

Axel merkte, wie er das Gleichgewicht verlor. Gerade als er sich setzen wollte, fiel ein Schuss. Der Knall zerriss die Stille und der Junge sprang erschrocken in die Höhe. Fast gleichzeitig schrie eine Frau auf und ein kurzer Lichtblitz erhellte für den Bruchteil einer Sekunde den Raum. Axel war geblendet.

BANG

Der Knickerbocker spürte einen stechenden Schmerz im rechten Bein und stolperte nach vorn. „Der Wahnsinnige ... er hat ... auf mich geschossen!“, jagte es Axel durch den Kopf. „Er hat mich am Bein getroffen ... Blut ... ich ... ich sterbe ... Das tut so weh ... Wieso bin ich hierher gekommen?“

Alles, was nun geschah, erlebte der Junge wie in Zeitlupe. Axel wollte zu der Tür zurück. Aber er hatte die Orientierung verloren. Dazu kam der heftige Schmerz, der sich bei jedem Schritt wie eine Stichflamme durch sein Bein bohrte. Irgendwo in der Dunkelheit ertönten Stimmen. Sie waren jetzt lauter und aufgeregt. Stühle wurden gerückt, etwas klirrte.

Panik packte nun den Knickerbocker-Kumpel. „Weg, raus da ... der grüne Glöckner kommt!“, war sein einziger Gedanke, der allerdings sein Hirn lahmlegte. Ausweg schien keiner in Sicht. Also humpelte und hinkte der Juniordetektiv blindlings los. Bereits nach dem vierten Schritt verlor er den Boden unter den Füßen. Er stürzte in die Tiefe und wollte vor Schreck schreien. Aber dazu kam er nicht mehr. Wasser füllte plötzlich seinen Mund. Stinkendes, bitter schmeckendes Wasser. Entsetzt kam Axel zu Bewusstsein, dass er versank.

Zum Glück arbeitete sein Körper manchmal automatisch. Als wären sie ferngesteuert, machten die Arme des Jungen Schwimmbewegungen und beförderten ihn an die Wasseroberfläche. Prustend und spuckend schnappte er nach Luft. Er schlug mit den Armen um sich und hoffte die Kante zu spüren, über die er hinausgestolpert war.

Aber statt auf eine harte Bodenkante klatschte seine

Hand auf etwas Raues, fast Stacheliges. Es fühlte sich wie ein Panzer an und . . . bewegte sich. Dem Juniordetektiv stockte fast das Blut. Ein harter, schuppiger, rauer und sehr lang gestreckter Körper lag neben ihm im Wasser.

Über Axels Kopf flammten schlagartig grelle Lampen auf und beleuchteten das Wasser . . . Es war ein riesiges Krokodil!

Ein rätselhaftes Gemälde

Ungefähr zur gleichen Zeit erreichte Lieselotte den Louvre. Es ist ein riesiger, grauer Bau, der wie ein Schloss mit mehreren gigantisch langen Gebäudeflügeln aussieht. Das Tollste war für das Superhirn aber die Pyramide aus Glas und Metall in der Mitte zwischen den Flügeln. Sie wirkte auf Lilo wie ein Pyramiden-Ufo, das in dem Hof gelandet war.

Als das Mädchen das hohe, spitz zulaufende Kunstwerk betrat, war es nicht weniger beeindruckt. Es fühlte sich wie in einem Weltraumfilm und glaubte auf einem fremden Planeten gelandet zu sein. Lilo fuhr mit der Rolltreppe zwei Stockwerke tief in das Innere der Pyramide, wo sie bald die Kassen gefunden hatte. Aber hinter der Kasse Nummer acht saß ein junges Mädchen mit Zahnspange, das gar nicht nach einem Onkel Henry aussah.

„Ich suche Monsieur Henry“, wandte sich Lilo an das Mädchen.

„Er ist heute schon gegangen“, lautete die Antwort.

Lieselotte seufzte enttäuscht. Das Oberhaupt der Knickerbocker-Bande drehte sich um und wollte wieder gehen. Plötzlich aber rief ihm das Mädchen nach: „Mademoiselle, dort läuft er ... beim Aufgang!“ Da Lieselotte keine Ahnung hatte, welchen Mann das Mädchen genau meinte, rief sie einfach laut: „Onkel Henry! Hallo!“

Ein kleiner, leicht gebückt gehender Mann in einem ziemlich schäbigen, braunen Mantel blieb stehen und drehte sich in die Richtung, aus der die Stimme gekommen war. Lilo winkte ihm zu. „Hallo! Ich habe gerufen!“ Das Superhirn stellte sich kurz vor und erzählte von Nicole. „Ihre Nichte hat gemeint, Sie könnten mir Auskunft geben. Es handelt sich um einen grünen Glöckner. Er sieht so ähnlich aus wie der Glöckner von Notre-Dame. Haben Sie schon einmal von so einem Wesen gehört?“

Lilo hätte vor Freude fast einen Luftsprung gemacht, als der Mann nickte. „Ja, es gibt da eine alte Geschichte. Ich weiß nicht, ob sie wahr ist, aber auf jeden Fall hängt hier im Louvre ein Bild des grünen Glöckners."

Die Juniordetektivin wurde noch aufgeregter. „Wo kann ich es sehen?"

Der Mann warf einen kurzen Blick auf die Uhr. „Mädchen, ich wollte eigentlich schon gehen. Ich muss noch einkaufen, weil ich sonst nichts zu essen daheim habe." Als Lilo ihn flehend anlächelte, konnte Onkel Henry allerdings nicht widerstehen und meinte: „Na gut! Komm mit!"

Er führte Lieselotte durch die langen Gänge und Säle des Louvre, in denen ein Kunstwerk neben dem anderen hing. Sogar an der berühmten, seltsam lächelnden Mona Lisa kamen sie vorbei. Onkel Henry ließ dem Superhirn aber keine Zeit, das Bild zu betrachten. „Wir müssen weiter, komm, komm, komm!", trieb er Lieselotte an. Sie gingen treppauf und treppab, bis sie schließlich in einem hohen schmalen Zimmer angelangt waren. Das Mädchen wusste sofort, was ihr Nicoles Onkel hier zeigen wollte.

Das Ölgemälde hatte ungefähr die Größe eines Zeitungsblattes. Es zeigte eine Ruine und einen Berg aus zerbrochenem Mauerwerk und Steinblöcken, auf dem die schaurige Gestalt des grünen Glöckners tanzte. Es war dasselbe entstellte Gesicht mit der grünen Hautfarbe. Sogar die Jacke und die Hose stimmten mit dem „echten" Glöckner überein, der die Knickerbocker an diesem Vormittag beinahe umgebracht hätte.

Einen Unterschied gab es allerdings. Auf dem Bild

war der Glöckner durchscheinend wie ein Gespenst, ein Geist, eine übernatürliche Erscheinung. Beim näheren Betrachten fiel Lieselotte dann noch etwas auf. Der Hintergrund des Bildes war zerstört. Als hätte jemand die Ölfarbe, mit der die Landschaft und der Himmel gemalt worden waren, weggewischt. An manchen Stellen kam sogar die blanke Leinwand zum Vorschein. „Was ... was ist da geschehen?“, wollte sie erfahren.

Onkel Henry zuckte mit den Schultern. „Das wissen wir nicht. Fest steht nur eines: Vor 27 Jahren war das Bild noch in Ordnung. In einem unbeobachteten Augenblick muss jemand mit Terpentin oder einem anderen Lösungsmittel das Bild zerstört haben.“

Das Superhirn horchte auf. „Was hat er weggewischt? Berge oder nur Himmel oder Häuser?“

Onkel Henry schüttelte den Kopf. „Keiner kann sich daran erinnern, denn bis dahin hat niemand dieses Bild besonders beachtet. Es gibt leider auch kein Foto, auf dem es im Originalzustand zu sehen ist. Ich weiß nur, dass es hier hängen bleibt, weil die Museumsleitung hofft, dass der Zerstörer eines Tages zurückkehrt, was bis heute aber nicht geschehen ist.“

„Wissen Sie vielleicht mehr über den Maler? Oder über das Bild ... ich meine den grünen Glöckner und die Ruine, auf der er tanzt?“, erkundigte sich Lilo.

Diesmal nickte Nicoles Onkel. „Es gibt folgende Sage: Irgendwo in Paris befand sich eine winzige Kirche names St. Augustin. Sie bestand nur aus einem hohen Turm und einem kleinen Kirchenschiff, in dem höchstens 30 Leute Platz hatten. In dem Turm lebte ein Glöckner. Ein armer, verkrüppelter Mann, der hier

Unterschlupf gefunden hatte. Von den anderen wurde er immer nur verspottet und ausgelacht. Im Turm hatte er Ruhe. Zu Mittag und um Mitternacht läutete er die große Glocke. Niemand ahnte, dass er ein Doppelleben führte.

Er rächte sich an den Leuten, die ihm das Leben zur Hölle machten. Der Glöckner überfiel sie und raubte alles, was er nur bekommen konnte. Auf diese Weise soll er ungeheure Schätze – Gold, Juwelen, Münzen und andere Kostbarkeiten – gesammelt und tief unter dem Turm versteckt haben.

Eines Tages wurde er bei einem Überfall erkannt, und kurze Zeit später standen die wütenden Bürger vor seinem Glockenturm, um ihn zu holen und hinzurichten. Aber das Tor war verriegelt und verbarrikadiert. Von den Fenstern des Glockenraumes aus verfluchte der Glöckner die rachsüchtige Meute, die ihm nach dem Leben trachtete. Er schwor, dass sie ihn niemals lebendig kriegen würden.

Mit einem dicken Holzbalken als Prellbock gelang es den Leuten schließlich, das Tor aufzubrechen. Doch sie kamen nicht weit, denn das Gemäuer begann einzustürzen. Die Leute konnten sich gerade noch in Sicherheit bringen, bevor der hohe Turm donnernd und krachend in sich zusammenfiel. Eine gigantische Staubwolke stieg zum Himmel und ein schauriger Schrei ertönte. Es war der letzte Schrei des Glöckners, der unter den Trümmern begraben wurde.“

Lieselotte hatte mit großen Augen der Erzählung des Mannes gelauscht. „Und . . . weiter?“, drängte sie.

Onkel Henry schüttelte wieder den Kopf. „Es geht nicht mehr weiter. Das heißt, falsch. Die Menschen wollten natürlich die gestohlenen Dinge wiederhaben und gruben in dem Schutt danach. Der Sage nach tauchte aber jedes Mal der Geist des Glöckners auf, grün im Gesicht und an den Händen, und verursachte ein Unglück. Deshalb ließen die Leute die Suche schließlich bleiben und der Schatz des Glöckners ruht noch heute in der Erde.

Übrigens, der bekannte Glöckner von Notre-Dame – also von der großen Kirche – ist die Erfindung des Schriftstellers Victor Hugo. Angeblich hat ihn der sagenhafte grüne Glöckner auf diese Idee gebracht", schloss der Mann seinen Bericht.

Eine letzte Frage hatte Lieselotte, die etwas misstrauisch war, noch: „Woher wissen Sie das alles so genau?"

Onkel Henry lächelte. „Diese Geschichte steht bruchstückhaft auf der Rückseite des Bildes. Einiges habe ich mir zusammengereimt, aber ich bin sicher, es war alles so... irgendwann, irgendwo, irgendwie. Denk daran, Mädchen, es handelt sich um eine Sage. Da weiß man nie, was wahr und was erfunden ist! Ich könnte dir über viele Bilder, die hier hängen, etwas erzählen. Mein Spitzname lautet deshalb Märchenonkel, aber das stört mich nicht. Viele halten mich für einen alten Spinner, der nicht mehr ganz richtig im Oberstübchen ist. Sie irren sich. Hinter allem steckt mehr, als sich die meisten Menschen träumen lassen. Vergiss das nie."

Das Superhirn knetete seine Nase auf Hochtouren. Sage hin, Sage her, Tatsache war, dass der grüne Glöckner wieder aufgetaucht war und Unglück verursachte. Hatte sich Lieselotte getäuscht? Konnte es sich vielleicht doch um einen echten Geist handeln? Steckte gar kein Mensch dahinter?

Onkel Henry hatte die Finger verschränkt und ließ seine Handknöchel knacken. Er versuchte sich zu erinnern.

„Mädchen, pass auf ... mir ist soeben etwas eingefallen. Ich weiß nicht, wieso ich nicht früher daran gedacht habe", stieß er hervor. „Vielleicht kann ich dir das Bild des grünen Glöckners in alter Pracht zeigen. Also genau so, wie es vor der Zerstörung ausgesehen hat."

„Ja, aber wieso können Sie das plötzlich? Es gibt doch kein Foto", meinte Lieselotte.

Monsieur Henry lächelte verschmitzt. „Es gibt ein Archiv mit Zeichnungen. Zahlreiche Bilder sind von Kunststudenten abgezeichnet und aufbewahrt worden. Drück die Daumen, dass einer der Studenten Gefallen an dem grässlichen Glöckner gefunden und ihn kopiert hat. Ich werde mich nächste Woche in das Archiv begeben und suchen."

Damit war das Superhirn nicht einverstanden. „Geht's nicht sofort?", fragte Lilo vorsichtig. „Ich helfe Ihnen auch gern."

Der alte Mann hatte einen anderen Vorschlag. „Du kaufst schnell für mich ein und gehst mir dann ein bisschen zur Hand."

Während Lieselotte die Geschichte des grünen Glöckners erfuhr, lief Dominik in Nicoles Zimmer unruhig auf und ab. Die Minuten erschienen ihm wie Stunden. Er fühlte sich äußerst unbehaglich in seiner Haut. Wo blieb Axel? Wieso ließ Lieselotte nichts von sich hören? Warum hatte er eingewilligt, allein hier zu bleiben? Nicole und Poppi fuhren einfach zum Spaß auf den Eiffelturm. Ungerecht fand er das. Außerdem überaus unprofessionell. Das wollte er seinen Kumpels auch sagen. Dominik nahm sich das fest vor.

Im Vorzimmer schrillte das Telefon. Das Läuten ging dem Jungen durch Mark und Bein. Durfte er abheben? „Ach was!“, dachte er. „Was soll schon geschehen? Das Telefon wird mich schon nicht beißen. Es kann sich ja um eine wichtige Botschaft meiner Knickerbocker-Kollegen handeln!“

Dominik lief aus Nicoles Zimmer und hob ab. „Hallo!“, meldete er sich. Am anderen Ende der Leitung herrschte Stille. „Hallo? Wer ist da?“ Dominik versuchte seine Stimme sicher klingen zu lassen.

„Wer spricht?“, fragte eine Frauenstimme mit starkem französischem Akzent.

„Ich bin Dominik“, erklärte der Junge.

„Wo ist Nicole?“, erkundigte sich die Frau.

„Nicole ist mit Poppi auf dem Eiffelturm. Sie wollen dort eine Brieftaube fliegen lassen“, plapperte Dominik.

„Ich bin Nicoles Mutter und hätte gern gewusst, was du in unserer Wohnung machst?"

Dominik wurde knallrot im Gesicht. „Ich bin ein Mitglied der Knickerbocker-Bande. Wir sind eigentlich Gäste von Monsieur Lupin. Aber Nicole hat uns eingeladen, nach Paris mitzukommen."

Die Frau lachte erleichtert. „Ich verstehe. Sag Nicole, dass ich bald kommen werde. Dann koche ich für euch!"

Dominik wollte den Irrtum aufklären. „Aber ich sage doch, Nicole ist zur Zeit nicht da!" Diese Mitteilung hörte ihre Mutter nicht mehr. Sie hatte bereits wieder aufgelegt. „Komische Frau!", dachte Dominik und setzte seinen Dauerlauf durch Nicoles Zimmer fort. Wo steckten seine Kumpels?

Poppi war zu dieser Zeit bereits beim Eiffelturm angelangt. Sie musste den Kopf weit zurückbeugen, um bis zur Spitze dieses gigantischen Bauwerks hinaufzublicken. Nicole las aus einem Prospekt einige Daten vor: „Der Eiffelturm ist 321 Meter hoch und 7 Millionen Kilogramm schwer! Er wurde von Monsieur Eiffel aus 15 000 Metallteilen zusammengebaut. Ich meine, nicht von ihm allein, sondern von den Bauarbeitern, aber er war der Konstrukteur. Die dritte Plattform befindet sich auf 276 Metern Höhe. Gehen wir zu Fuß oder fahren wir mit dem Lift?"

Poppi lachte. „Auf Klettertouren habe ich heute keine Lust mehr!" Den Vorschlag zu gehen hatte auch Nicole nur scherzhaft gemeint.

Also fuhren die beiden Mädchen mit dem Aufzug auf das Wahrzeichen der Stadt Paris. Sie plauderten unentwegt und achteten nicht auf ihre Umgebung. Aus diesem Grund bemerkten sie auch die seltsame Gestalt nicht, die sich an ihre Fersen geheftet hatte. War es ein Mann oder eine Frau? Die Person trug einen sehr langen Mantel mit aufgestelltem Kragen und einen Hut. Vom Gesicht war kaum etwas zu erkennen. Die Augen wurden durch eine große, runde Sonnenbrille verdeckt und um Nase und Mund hatte die mysteriöse Erscheinung einen Schal geschlungen. Jeder hielt sie für einen verrückten Touristen, der sich mit seiner Kleidung ein wenig in der Jahreszeit geirrt hatte. Denn es war Frühsommer und angenehm warm.

Die Person beobachtete die beiden Mädchen. In der Hand hielt sie einen Briefumschlag, den sie manchmal hob, als wollte sie ihn übergeben. Schließlich ließ sie es aber doch bleiben.

Auf der obersten Aussichtsterrasse angekommen, liefen Nicole und Poppi zum Geländer und bewunderten das Häusermeer von Paris. „Komm, ich zeig dir das Büro von Monsieur Eiffel. Das befindet sich hier oben und man kann durch das Fenster hineinsehen!“, rief Nicole.

Aber Poppi konnte ihre Augen nicht von dem großartigen Ausblick wenden. „He, Nicole, erklär mir, was das alles ist“, verlangte sie. Poppi hatte alle Schrecken des Tages verdrängt und wollte unter keinen Umständen an Abenteuer denken. Sie brauchte jetzt diese Pause.

Geduldig beantwortete Nicole Poppis Fragen nach den Namen von verschiedenen Gebäuden. „Aber jetzt komm, die Wachspuppe von Monsieur Eiffel in seinem Büro guckt nämlich so dämlich, dass du dich schieflachen wirst“, versprach das französische Mädchen.

Die beiden liefen auf der Plattform rund um den Turm bis zu dem großen Fenster des Büros. Nicole hatte nicht übertrieben. Die Figur sah wirklich komisch aus. Allerdings konnte Poppi nicht lange lachen. Mitten auf der Glasscheibe klebte nämlich ein weißer Briefumschlag. Jemand musste ihn mit einem Kaugummi befestigt haben. Das wäre noch nicht weiter verdächtig gewesen, aber auf dem Umschlag stand Poppis Name. Allerdings falsch geschrieben.

„*POPI*“, las das Mädchen. Ihr wurde gleichzeitig siedend heiß und eiskalt. Poppi erschauderte. „Wie ... kommt der hierher? ... Ist der für mich?“, wimmerte sie. Nicole zögerte nicht lange, sondern riss ihn herunter und reichte ihn dem Mädchen.

„Was ist da drin?“, fragte Poppi mit zittriger Stimme.

„Schau hinein!“, riet Nicole ihr.

Das jüngste Mitglied der Knickerbocker-Bande öffnete hastig den Umschlag und zog einen weißen Zettel heraus. Mit krakeligen, schiefen Buchstaben stand folgende Botschaft drauf: „WILLST DU DEIN FREUNDE RETEN? KOMM IN RUE ST-MARTIN 3.“

Poppi wurde kreidebleich im Gesicht. Sie gab den Zettel an Nicole weiter und fragte mit belegter Stimme: „Was ... sagst du dazu?“

Nicole schluckte heftig. „Nach Spaß sieht das nicht aus“, stellte sie fest. „Aber ... wieso will jemand deinen Freunden etwas tun?“ Poppi erinnerte sich an Lieselottes Warnung, dass Nicole mit Pierre unter einer Decke stecken könnte. Möglicherweise hatte sie den Brief selbst an das Fenster geklebt. Sie war doch kurz von ihr weggelaufen. Gelegenheit hätte sie also dazu gehabt.

Was sollte Poppi jetzt machen? Wo war Lieselotte, die sie um Rat fragen konnte? „Au, verdammt!“, sagte Poppi zu sich selbst. „Wenn Axel, Lilo und Dominik in Gefahr sind, muss ich ihnen helfen. Aber Nicole kann ich nicht trauen.“

Poppi blickte Nicole lange an. Schließlich ging sie aufs Ganze. „Bist du die Komplizin von Pierre Remy?“, fragte sie. Nicole traute offenbar ihren Ohren nicht. Deshalb wiederholte Poppi die Frage.

Das junge Fotomodell schüttelte den Kopf. „Komplizin? Das klingt, als sei er ein Verbrecher!“

Poppi nickte. „Das ist er auch. Er terrorisiert deinen Onkel aus einem Grund, den wir noch nicht kennen. Jetzt hat er meine Kumpels entführt oder . . . oder . . . ich weiß nicht. Er hat sie jedenfalls in seiner Gewalt.“ Das Mädchen schluchzte.

Nicole wusste nicht, was sie sagen sollte. „Falls das stimmt, dann ist er ein Schwein. Aber ich habe nichts damit zu tun“, beteuerte sie.

Poppi entschied sich, ihr zu glauben. Sie hatte keine andere Wahl. „Wir . . . wir müssen in diese Rue St-Martin“, stotterte sie. „Ko . . . kommst du mit?“

Nicole nickte. „Hast du gedacht, ich lasse dich im Stich?“

Schweigend fuhren die Mädchen im Lift wieder nach unten. Poppi plagte ein fürchterlicher Zweifel: „Kann ich Nicole trauen oder spielt sie mir nur etwas vor?“

Das Netz wird zugezogen

Dominik lief noch immer wie ein Panter im Käfig durch Nicoles Zimmer. Es war schon wieder eine Dreiviertelstunde vergangen, in der er nicht das geringste Lebenszeichen von seinen Detektivkollegen bekommen hatte. Langsam fühlte er sich von ihnen im Stich gelassen. Oder war ihnen etwas zugestoßen? Dieser Gedanke jagte ihm große Angst ein.

Und wo blieb die Mutter von Nicole? Wollte sie nicht bald kommen?

Wieder klingelte das Telefon. Dominik raste ins Vorzimmer, als ginge es um sein Leben. Er hob ab und meldete sich. Am anderen Ende der Leitung ertönte tiefes, schweres Atmen. „Hallo? Wer spricht denn?“, fragte der Junge.

Es schien sich um einen Mann zu handeln, der offenbar mit letzter Kraft in den Hörer keuchte: „Deine Freunde werden meine Opfer. Rette sie. Komm in die Rue St-Martin 3 . . .!“

Dominik fiel vor Schreck fast der Hörer aus der Hand. „Wer . . . sind Sie?“, stammelte er.

„Der Glöckner!“, lautete die gekrächzte Antwort. Danach beendete der Anrufer das Gespräch.

Dominik legte auf und musste sich erst einmal setzen. Da kein Sessel in der Nähe war, ließ er sich auf den Boden sinken und presste das Gesicht in die Hände. Er schwitzte und zitterte. Der Glöckner hatte seine Kumpels in der Gewalt, und zweifellos lag es nun an Dominik, Axel, Lieselotte und Poppi zu helfen. Aber wie?

Er war doch allein in Paris und kannte keinen Menschen.

Wieder läutete das Telefon. Dominik griff nach oben und zog den Hörer zu sich herab. „Jaaa... hallo?“, meldete er sich mit bebender Stimme.

„Schnell, es bleibt nicht viel Zeit für deine Freunde. Und sage niemandem ein Wort. Sonst werden sie dich nie wieder sehen!“, drohte der Glöckner. Danach unterbrach er abermals die Verbindung.

Dominik wischte sich den Schweiß von der Stirn und stand mühsam auf. Es blieb ihm keine andere Wahl, als das zu tun, was von ihm verlangt wurde. „Ich... ich komme und rette euch“, sagte er halblaut und lief aus der Wohnung.

Der Junge hatte keine Ahnung, wo sich die Rue St-Martin befand, und winkte deshalb einem Taxi. Der Fahrer schien die Straße zu kennen und fuhr los. Immer wieder warf er einen musternden Blick durch den Rückspiegel auf den Jungen, der zusammengekauert auf der Bank hockte und seine Hände knetete. Er sprach ihn auf Französisch an, aber Dominik verstand kein Wort. „Können Sie Deutsch?“, fragte er den Mann hoffnungsvoll. Der Taxilenker verzog das Gesicht und redete weiter französisch auf Dominik ein.

Die Häuser flogen an dem Wagenfenster vorbei. Dominik nahm kaum etwas von der Stadt wahr. Seine Gedanken waren bei den restlichen Mitgliedern der Knickerbocker-Bande. Wieso hatten sie sich getrennt und waren verschiedener Wege gegangen? Das taten sie normalerweise nie, weil sie genau wussten, dass sie nur gemeinsam wirklich stark waren.

Die Fahrt dauerte ziemlich lange und endete in einer

engen, düsteren Gasse. Die Häuser waren hier alle baufällig und von den Abgasen dunkelgrau gefärbt. Zwischen Nummer 1 und Nummer 5 befand sich allerdings eine Baulücke. In der Pariser Innenstadt war das eine absolute Sensation. Der Fahrer deutete auf den Taxameter und Dominik kramte sein Geld heraus. Es reichte gerade, um den Fahrpreis zu bezahlen.

Zögernd kletterte der Junge aus dem Wagen. Das Taxi fuhr fort und Dominik stand auf der gegenüberliegenden Straßenseite des Grundstücks Nummer 3. Bis vor gar nicht allzu langer Zeit musste hier ein Haus gestanden haben. Die Grundmauern waren noch zu erkennen. Der Rest war weggerissen worden. In der Mitte stand jetzt ein Bagger, mit dem vermutlich der Schutt und das Mauerwerk beseitigt worden waren.

Was nun? Wie sollte Dominik weitermachen?

Der Juniordetektiv schaute sich nach allen Seiten um. Es war weit und breit kein Mensch zu entdecken, auch die Häuser wirkten unbewohnt. Vermutlich wurden auch sie demnächst abgerissen, um modernen Bauten Platz zu machen. Langsam überquerte der Knickerbocker die Straße und stieg über den kniehohen Rest der Außenmauer. „Hallo... ist da jemand?“, rief er mit schwacher Stimme.

„Dominik! Dominik!“, antwortete eine Stimme hinter ihm. Er sprang vor Freude in die Höhe und drehte sich dabei um. Wie ein Eiskunstläufer sah er dabei aus. Poppi war soeben in die Rue St-Martin eingebogen und lief auf ihn zu. Nicole war bei ihr. „Wie... was... machst du hier?“, wollte Poppi wissen.

Dominik berichtete ihr stammelnd und stotternd – was normalerweise nicht seine Art war – von dem Anruf des Glöckners.

„Mir hat er einen Brief geschrieben und ihn oben auf den Eiffelturm geklebt“, erzählte das Mädchen. „Er muss Axel und Lieselotte in seiner Gewalt haben.“ Poppi wurde einiges klar. „Pierre Remy ist zweifellos der Glöckner. Er hat Axel in seinem Auto entdeckt und hierher verschleppt. Und Lieselotte hat er auch geschnappt. Mit dem Brief und dem Anruf hat er uns noch hergelockt. Wir müssen die Polizei holen, damit sie uns hilft.“

Nicole hatte sich auf dem Grundstück umgesehen und etwas entdeckt. Sie bückte sich und hob einen Umschlag auf. Wieder stand *POPI* darauf. Wortlos reichte ihn Nicole weiter. „Mach schon auf!“, forderte Dominik ungeduldig. Das Mädchen zitterte so heftig, dass es den Brief in der Mitte auseinander riss. Es fischte die beiden Hälften aus dem Kuvert. Dominik hielt sie zusammen und las: „Keine Polizei. Über Leiter hinunter. Dort eure Freunde gefesselt. Holt sie. Bombe explodiert um 19 Uhr 30.“

Gleichzeitig sahen alle drei auf die Uhr. Es war bereits 19 Uhr. Sie mussten sich beeilen. „Los, kommt! Ich sehe die Leiter. Da . . . sie ragt aus einem Loch im Boden!“, meldete Dominik. Poppi und Nicole liefen zu ihm und blickten in einen tiefen Schacht. „Hallo . . . seid ihr dort unten?“, rief Dominik. Keine Antwort.

„Bestimmt sind Axel und Lieselotte geknebelt!“, stieß Poppi hervor. „Wir . . . wir müssen ihnen helfen. Los, Dominik, steig hinunter!“

Der Junge tippte sich mit dem Zeigefinger an die

Stirn. „Du spinnst ja! Allein nehme ich diese Gefahr nicht auf mich!“

Nicole gab ihm Recht. „Das solltest du auch nicht. Wir gehen gemeinsam, aber wir haben keine Taschenlampen. Es wird ziemlich schwierig sein, sich da unten in der Dunkelheit zurechtzufinden.“ Wie auf Kommando zückten beide Knickerbocker ihre Lampen, die sie immer bei sich trugen. Sie knipsten sie an und leuchteten in die Tiefe. Der Schacht schien in ungefähr fünf Metern Tiefe in einen Tunnel zu münden.

„Ich lasse Damen immer den Vortritt, da ich ein echter Gentleman bin“, sagte Dominik.

„Quatsch nicht so kariert, sondern klettere!“, fauchte ihn Poppi an. „Feiger Sack, du!“

Wütend blitzte der Junge sie an. Auf der anderen Seite wollte er den „feigen Sack“ nicht auf sich sitzen lassen und stieg als Erster auf die hölzernen Sprossen. Poppi folgte ihm. Nicole bildete den Abschluss. Meter für Meter kämpften sich die drei durch die feuchte Kälte nach unten.

„Siehst du schon was?“, wollte Poppi wissen.

„Nein, nichts!“, meldete Dominik. Er hatte das Ende der Leiter erreicht und setzte seine Schuhe auf matschigen, lehmigen Boden. Links und rechts von ihm bewegte sich etwas. Entsetzt leuchtete der Junge hin und sah, wie eine Schar grauer Ratten das Weite suchte. Er wich angeekelt zurück. Nun waren auch Poppi und Nicole bei ihm angelangt.

Die Knickerbocker-Freunde ließen die starken Lichtstrahlen ihrer Taschenlampen zuerst nach links in den unterirdischen Gang gleiten und dann nach rechts. Dieser endete bereits nach wenigen Metern, weil der

Tunnel an dieser Stelle eingebrochen war. „Das . . . das ist einer der vielen Stollen, die sich kreuz und quer durch den Untergrund der Stadt ziehen“, vermutete Nicole. „Paris ist durchlöchert wie ein Emmentaler Käse. Es gibt auch Gänge, in denen Skelette und Knochen lagern. Man nennt sie das Totenreich.“

Poppi hielt sich die Ohren zu. „Hör auf!“, flehte sie.

„Wo sind Axel und Lieselotte?“, fragte sich Dominik. „Ob sie dieser Pierre tiefer in den Gang hineingebracht hat?“

Während der Junge darüber nachdachte, setzte über ihnen ein lautes Donnern und Dröhnen ein. Mit schreckgeweiteten Augen schauten die drei nach oben, wo sie durch die Bodenöffnung ein kleines Stück Abendhimmel sahen. Gleich darauf schob sich aber etwas davor . . .

Ein unerwarteter Telefonanruf

Lilo hatte ab halb sieben alle fünf Minuten angerufen, aber keiner hatte sich gemeldet. Darüber war das Superhirn äußerst besorgt. Wo steckte Dominik? Was war mit Axel? Wo blieben Poppi und Nicole?

Sie ließ Onkel Henry allein weitersuchen und fuhr zu Nicole zurück. Kurz nach 19 Uhr 30 stand sie vor der Wohnung. Sie klingelte und klingelte, aber keiner öffnete. Das Mädchen wurde unruhig. Was war geschehen?

Im Erdgeschoss wurde das Haustor geöffnet. Langsame Schritte hallten durch das Stiegenhaus. Lieselotte beugte sich über das Geländer, um zu sehen, wer es war. Sie atmete erleichtert auf. Axel kam zurück. Er schien völlig erschöpft zu sein und humpelte. Und wie sah er aus? Sein Haar, das normalerweise wild nach allen Seiten stand, klebte ihm am Kopf.

„Hallo, Axel!“, begrüßte das Superhirn seinen Kumpel. Er hob müde den Arm. „He, was ist geschehen?“, wollte Lilo erfahren.

Als der Junge im Dachgeschoss angelangt war, ließ er sich auf den Boden sinken und ächzte: „Ich kann nicht mehr. Wieso stehst du eigentlich hier? Hast du auf mich gewartet?“

Lilo erklärte ihm den Grund und setzte sich zu ihm. „Wo ist Pierre Remy hingefahren?“, wollte sie wissen.

„Es war alles so entsetzlich!“ Axel kostete es einige Mühe, Lieselotte seine Erlebnisse zu schildern.

„Was??? Ein Krokodil? Du bist in ein Becken gefallen, in dem ein Krokodil schwamm?“, fragte Lilo entsetzt.

Axel schüttelte den Kopf. „Nein, es waren *drei* Krokodile.“

Lieselotte verstand nichts mehr. „Wie bist du denen entkommen?“, wollte sie wissen.

Axel schnaubte. „Zuerst habe ich gedacht, meine letzte Stunde hat geschlagen, aber dann wurde das Licht eingeschaltet, und ich habe gesehen, wo ich war.“

Lilo wurde ungeduldig. „Ja, wo?“

„In einem riesigen Theater ... auf der Bühne ... dort gibt es ein Riesen-Aquarium, in dem die Krokodile schwimmen. Sein Rand war ungefähr auf der Höhe des Bühnenbodens und deshalb bin ich auch reingestolpert.“

„Haben dich die Biester angefallen?“

„Nein, sie waren völlig friedlich. Aber das habe ich erst später bemerkt. Zuerst habe ich wie ein Irrer gestrampelt, gebrüllt und herumgefuchtelt. Irgendwie – frag mich nicht wie – habe ich die Bühnenkante erreicht und mich mit letzter Kraft aus dem Wasser gezogen. Da ist eine Frau neben mir aufgetaucht. Sie hat auf mich eingeredet. Französisch natürlich. Sie hat sich irre aufgeregt und geschrien. Deshalb bin ich aufgesprungen und davongerannt. Stell dir vor, sie hätte die Polizei geholt! Zum Glück habe ich die Tür gefunden, durch die ich auf die Bühne gekommen bin. Ich bin dann gerannt, als wäre der Teufel mit einer glühenden Zange hinter mir her. Mein Bein hat höllisch wehgetan, aber nicht geblutet. Ich glaube, es hat mich doch kein Schuss, sondern etwas anderes getroffen, und ich bin vor Schreck umgekippt und habe mir den Knöchel nur verstaucht. Meine Schmerzen sind mir aber erst wieder auf der Straße eingefallen. Ich bin einfach drauflosgehumpelt."

„Was war das für ein Theater?", fragte Lieselotte.

„Das berühmte Moulin Rouge. Die rote Mühle. Das ist ein Nachtklub mit einer irren Show, in der auch die Krokodile vorgeführt werden. Mein Vater hat mir davon erzählt."

„Aber was hat Pierre dort gemacht und wieso hat er dich in der Dunkelheit überhaupt entdeckt? Warum hat er auf dich geschossen und wer war die Frau? Hat er sich mit ihr getroffen?" Lieselotte stellte eine Frage nach der anderen.

„Ich bin kein Auskunftsbüro!", knurrte Axel. „Keine Ahnung. Ich weiß nur, dass ich meine Geldtasche im Krokodilbecken verloren habe und keine Moneten für ein Taxi oder die Metro hatte. Ich bin bis hierher gelatscht. Der totale Horror. Ich glaube, meine Beine sind um fünf Zentimeter kürzer!"

Lieselotte sah ein, dass sie ihren Kumpel erst einmal bedauern musste. „Aber wo stecken bloß Poppi und Dominik?", fragte sie sich dann. „Ob Nicole vielleicht etwas mit ihnen gemacht hat?"

Auf dem obersten Treppenabsatz erschienen ein kleiner dicker Herr und eine noch kleinere, noch dickere Dame. Erstaunt musterten sie die beiden Knickerbocker.

„Was sind denn das für Kugel-Zombies?", zischte Axel seiner Freundin zu.

Lieselotte prustete los. Der Mann sprach sie auf Französisch an.

„Tut mir Leid, ich verstehe Sie nicht!“, erwiderte Lilo.

Zum Glück konnte der Unbekannte Deutsch. „Guten Abend, wer seid ihr?“, fragte er höflich.

Lieselotte stellte sich und ihren Kumpel vor und meinte dann sehr zweifelnd: „Sie sind doch nicht die Eltern von Nicole?“

Die beiden nickten heftig.

„He, wieso haben die so eine tolle Tochter?“, wisperte Axel.

„Wir sind Gäste von Nicole ... und von Monsieur Lupin“, erklärte das Superhirn.

Der Mann und die Frau nickten wieder. „Und ich bin der Bruder von Jacques. Mein Name ist Paul Lupin. Warum sitzt ihr vor der Tür?“

Lieselotte holte tief Luft. „Das ist eine sehr lange Geschichte!“

Paul Lupin öffnete die Wohnungstür. „Kommt herein“, forderte er die beiden Knickerbocker-Freunde auf.

In der Wohnung bat Axel um frische Kleidung. Seine Sachen waren noch immer feucht und stanken entsetzlich vom Wasser des Krokodilbeckens. Während er sich duschte, durchsuchte Lilo Nicoles Zimmer nach einem Zettel oder einer anderen Botschaft ihrer Kumpel. Aber ohne Erfolg.

Im Wohnzimmer erzählte sie dem Bruder von Monsieur Lupin dann alles, was sich bisher getan hatte. Der Franzose übersetzte die Geschichte für seine Frau, deren Gesicht immer bleicher wurde.

Lilo schloss ihren Bericht mit den Worten: „Eines steht für mich fest: Dieser grüne Glöckner hat etwas mit Ihrem Bruder zu tun, Monsieur Lupin. Sonst wäre er nicht zweimal bei ihm erschienen. Ich kann mir nicht vorstellen, dass es sich um einen echten Geist handelt, aber irgendwie deutet alles darauf hin. Auf jeden Fall hat der ganze Spuk mit dem zerstörten Bild im Louvre zu tun. Der Hintergrund, der entfernt wurde, könnte einiges verraten. Vielleicht gibt es unter den Trümmern des ehemaligen Glockenturmes tatsächlich einen Schatz."

Madame Lupin redete aufgeregt auf ihren Mann ein und sah mehrmals flehend zu Lieselotte.

Paul Lupin übersetzte schließlich: „Meine Frau verlangt, dass du alles sagst, was du sonst noch weißt. Sie will nämlich die Polizei verständigen, da sie große Angst um Nicole und deine beiden Freunde hat."

Lilo zögerte, sprach dann aber doch aus, was sie dachte: „Monsieur Lupin ... es klingt grauenvoll, aber es kann sein, dass Nicole mit der Sache etwas zu tun hat."

Der Mann, der ihr gegenüber auf dem Sofa saß, presste die Lippen zusammen und schwieg. Er schien seiner Frau diesen Verdacht lieber nicht mitteilen zu wollen. „Das ... das meinst du doch nicht ernst?", fragte er leise.

Lilo nickte. „Doch, es könnte sein, dass sie mit dem Fotografen Pierre Remy gemeinsame Sache macht. Ich hoffe es nicht, aber möglich ist alles."

Das Telefon schrillte. Madame Lupin hastete ins Vorzimmer und Lilo hörte sie reden.

Plötzlich stieß sie einen lauten Schrei aus und rief nach ihrem Mann. „Paul, vite!" (= Paul, schnell!)

Monsieur Lupin sprang auf und eilte zu ihr.

Es musste etwas Entsetzliches vorgefallen sein. Als das Superhirn den beiden nachging, sah es, wie Monsieur und Madame Lupin mit offenen Mündern am Hörer lauschten und immer wieder „no... no... no!“ stammelten. Madame Lupin rollten Tränen über die Wangen und sie begann heftig zu schluchzen.

In einer Gruft

Schreckgeweitete Augen hatten auch Poppi, Dominik und Nicole in dem unterirdischen Gang.

„Der Bagger... jemand fährt den Bagger genau über das Loch. Wir können hier nicht mehr raus!“, brüllte Poppi entsetzt.

Gleich darauf hatte sie den Mund voll Sand und Erde, die von oben herabrieselten. Die drei im Stollen legten schützend die Arme vors Gesicht. Das Dröhnen über ihnen hatte seinen Höhepunkt erreicht. Der Bulldozer stand nun direkt auf der Bodenöffnung und verschloss sie mit seinen breiten Metallketten. Jedes Entkommen war dadurch unmöglich geworden. Die beiden Juniordetektive bekamen mit, wie der Motor wieder abgestellt wurde und Ruhe einkehrte. Die Luft war nun voller Staub. Sie husteten heftig und bewegten sich ein Stück in den linken Teil des Ganges hinein.

„Das... das ist eine Falle. Pierre Remy hat uns nur deshalb hergelockt, damit er uns einsperren kann“, krächzte Poppi.

„Aber wieso und wozu?“, wollte Nicole wissen.

„Er will uns fertig machen und aus dem Weg haben!“, vermutete Dominik.

„Ich will hier wieder raus!“, wimmerte Nicole.

„Vergiss es“, meinte Dominik. „Keine Chance. Den Bagger können wir nicht wegschieben. Wir sind eingeschlossen.“

Einige Minuten standen Poppi, Dominik und Nicole

regungslos da und starrten vor sich hin. Was sollten sie machen? Die drei froren, denn hier unten war es kalt und feucht. Nirgendwo konnten sie sich anlehnen, ohne durchnässt zu werden.

„Wir... wir müssen was unternehmen", japste Poppi. „Nur stehen ist blöd. Falls hier auf dem Grundstück jemand arbeitet, kommt er erst in zwei Tagen wieder her. Heute ist Freitag und am Wochenende wird keiner schuften." Die anderen gaben ihr Recht.

„Aber was sollen wir tun?", fragte Nicole mit weinerlicher Stimme. „Ich fühle mich... wie in einer Gruft."

Dominik fiel etwas ein: „Kommt, wir schauen nach, wohin der Gang führt!" Auch wenn sie keinen Erfolg hatten, unternahmen sie wenigstens etwas. Der Junge kam sich sehr groß und stark vor, als er voranging. Poppi folgte ihm dicht auf den Fersen. Nicole tappte ziemlich hilflos und unsicher hinterher. Sie schien entsetzliche Angst zu haben. „Auf jeden Fall wissen wir jetzt, dass sie tatsächlich nicht mit Pierre Remy unter einer Decke steckt", fiel Poppi ein. Aber was nützte das schon?

Der Tunnel war ziemlich hoch und wurde als Schacht für zahlreiche Versorgungseinrichtungen genutzt. Am Gluckern und Rauschen in den Rohren erkannten die Knickerbocker-Freunde, dass es sich um Wasserleitungen handeln musste. Die Drähte dienten wahrscheinlich als Telefon- und Stromleitungen. Dominik kam kurz die Idee, eine Telefonverbindung zu unterbrechen, um so auf die Gefangenen aufmerksam zu machen. Aber dann verwarf er den Gedanken wieder. Kein Mensch konnte den genauen Ort der Unterbrechung feststellen.

Die drei hatten ungefähr 50 Meter zurückgelegt, als ihre letzten Hoffnungen zerstört wurden. Sie standen vor einem Haufen aus Erdreich und Gesteinsbrocken. Der Tunnel war auch an dieser Stelle eingestürzt.

„Kommando zurück“, sagte Dominik leise und drehte sich um. Die Freunde hatten das Gefühl, als hätte ihnen jemand Blei in Arme und Beine gespritzt. Ihre Gliedmaßen waren mit einem Schlag schwer und unbeweglich. Sie saßen in der Falle. Es gab kein Entkommen. Mit viel Glück würden sie in zwei Tagen entdeckt werden. Zwei Tage ohne Wasser und Essen, in kalter Nässe und ohne einen trockenen Platz zum Hinsetzen.

Während sie zurück zur Leiter schlichen, knirschte und knackte es in den Tunnelwänden. Die Erschütterung, die durch die Schritte entstand, schien ihnen zuzusetzen. „Vorsichtiger auftreten!“, befahl Dominik. „Sonst stürzt noch alles über uns ein und dann . . .“

Nicole verlor die Nerven. „Dann wird das unser Grab. Wir werden lebendig begraben und ersticken!“, kreischte und heulte sie und trampelte drauflos. Das Knacken und Knirschen wurde augenblicklich lauter, worauf auch Poppi und Dominik zu rennen begannen. „Schnell, der Tunnel stürzt ein!“, schrie der Junge. Hinter ihm polterte die Decke des Ganges zu Boden. Die drei stolperten und hasteten voran. Nicole glitt im glitschigen Schlamm aus und stürzte. Die beiden Knickerbocker zogen sie hoch und schleiften sie hinter sich her. Erst als das Donnern leiser wurde, ver-

langsamten sie ihr Tempo. Sie schienen sich nun in einem Teil des Stollens zu befinden, der stabiler war.

„Da vorn ist die Leiter“, meldete Poppi. Auch ihr standen Tränen der Verzweiflung in den Augen, aber sie wollte es sich nicht anmerken lassen.

Dominik ließ seinen Blick prüfend über die Sprossen nach oben gleiten, wo der Bagger wie ein tonnenschwerer Stöpsel den Ausgang verschloss. Er nahm seine Taschenlampe zwischen die Zähne und kletterte hinauf. Wer auch immer sich diese Falle ausgedacht hatte, er hatte ganze Arbeit geleistet. Es gab kein Entkommen. Der Bulldozer verschloss den Schacht zwar nicht völlig, machte aber auf jeden Fall die Flucht unmöglich. Zwischen dem Planierfahrzeug und dem Boden waren einige Spalten, die aber höchstens 20 Zentimeter hoch waren.

„Und? Hast du was entdeckt?“, fragte Poppi hoffnungsvoll, als ihr Kumpel wieder herabkam.

Dominik meinte: „Es ist wirklich eine ... Gruft!“

Nicole, die ihren Arm um Poppi gelegt hatte, öffnete den Mund. „Passt auf ... ich ... ich ...“, stotterte sie. „Ich weiß etwas ... aber es ist nur ein dünner Faden ... vielleicht ... haben wir Glück! Dominik, hast du einen Stift eingesteckt?“

Der Junge nickte. „Was willst du damit?“, fragte er erstaunt.

„Etwas aufschreiben. Eine Nachricht, wo wir sind“, erklärte Nicole.

„Und was tust du mit ihr?“, wollte Poppi wissen.

„Sie abschicken!“ Nicole lächelte schwach.

„Was ist geschehen?“, fragte Axel, als er aus dem Badezimmer trat und die beiden völlig verzweifelten Lupins sah. Lieselotte zuckte mit den Schultern.

Nicoles Vater sagte mit leiser Stimme etwas in den Hörer, das sich nach Verabschiedung anhörte, und legte auf. Für einen Moment schien er auf Lieselotte äußerst wütend zu sein. „Du... du hast behauptet, dass meine Tochter vielleicht gemeinsame Sache mit diesem Glöckner macht“, schnaubte er empört. „Nicole ist entführt worden!“

Axel und Lieselotte trauten ihren Ohren nicht. „Was???“, riefen sie. Allerdings lautete der nächste Gedanke des Superhirns: „Die Entführung kann auch nur vorgetäuscht sein, um Geld von jemandem zu erpressen.“

Axel wollte Näheres wissen. „Wer... wer hat da angerufen? Der Entführer?“

Paul Lupin verneinte. „Es war mein Bruder. Eine tiefe, heisere, röchelnde Stimme hat sich bei ihm am Telefon gemeldet. Nicole befindet sich in der Hand dieses Glöckners. Er droht ihr Gesicht zu zerstören und sie zu verstümmeln, wenn Jacques nicht genau das tut, was von ihm verlangt wird.“

„Und was ist das? Fordern die Entführer Lösegeld?“, fragte Lieselotte.

„Nein, nein. Es ist etwas ganz anderes. Mein Bruder steht unter Schock. Er hat es nicht genau gesagt, aber er meinte, er werde es tun. Obwohl es für ihn...“

Paul Lupin stockte. Erst jetzt schien ihm zu Bewusstsein zu kommen, was er gerade gehört hatte. „Obwohl es für ihn das Ende bedeuten kann. Aber er wird unter allen Umständen verhindern, dass Nicole etwas zustößt“, fuhr Monsieur Lupin fort.

Lieselotte wiederholte nachdenklich diese Worte: „Obwohl es sein Ende bedeuten könnte ... das klingt nach einem Kampf mit dem grünen Glöckner ... Aber wieso? Monsieur Lupin, bitte rufen Sie Ihren Bruder sofort wieder an. Sie müssen von ihm mehr erfahren. Schnell!“

Nicoles Vater wählte die Nummer. Er ließ es mindestens zwanzigmal klingeln, aber sein Bruder hob nicht ab. Daraufhin versuchte er es mit der Büronummer und dem Autotelefon. Er hatte Glück. Im Auto hob Jacques Lupin ab. Sein Bruder redete wild auf ihn ein, wurde aber von Minute zu Minute verzweifelter. Plötzlich starrte er verdutzt auf den Hörer. „Er hat aufgelegt ...!“, meldete er entsetzt und wählte nochmals die Nummer des Autotelefons. Aber sein Bruder hatte das Gerät abgeschaltet.

„Was ist los? Was hat er gesagt?“, wollte Lieselotte wissen.

„Er redete wirres Zeug ... von einer Abrechnung, an die er nie im Leben geglaubt hat. Er stammelte etwas von einer Hand aus dem Jenseits, die zuzugreifen scheint, und er müsse nun für Schandtaten büßen, die er vor 27 Jahren begangen hat.“

Bei Lieselotte klingelte es im Kopf. Vor 27 Jahren? Das war genau der Zeitpunkt, als das Bild zerstört worden war. Monsieur Lupin hatte also tatsächlich etwas mit dem grünen Glöckner zu tun. Nur was? „Hat er Ihnen gesagt, wohin er fährt?", fragte Lieselotte aufgeregt.

Nicoles Vater schüttelte den Kopf. „Er wollte es nicht verraten. Er sagte, es dürfe niemand mehr in diese Sache hineingezogen werden. Aber wir sollen auf keinen Fall die Polizei einschalten, da für Nicole sonst Lebensgefahr bestünde."

Axel wurde manches klar. „Poppi und Dominik sind wahrscheinlich bei Nicole. Sie wurden mit ihr entführt!" Die beiden Knickerbocker-Freunde waren entsetzt. Sie mussten etwas unternehmen und ihren Kumpels helfen. Selbstverständlich auch Nicole. Aber sie hatten keine Anhaltspunkte.

„Mein Bruder hat etwas gefaselt von ... ich muss dorthin zurück, wo mein Glück begann ... Glück, an dem Blut haftet. Ich denke, er dreht durch."

Für Lilo und Axel hörte sich das zwar auch verwirrt an, aber sie waren sicher, dass dieser Satz einen wichtigen Hinweis enthielt.

Das Telefon kam in dieser Nacht nicht zur Ruhe. Es läutete abermals und Nicoles Vater hob den Hörer ab, als stünde er unter Strom. Er meldete sich und machte ein erstauntes Gesicht. Schließlich reichte er den Hörer an Lieselotte weiter. „Für dich ... mein Cousin Henry ... Woher kennt er dich?"

Lieselotte schnappte sich den Hörer und rief: „Ja, hallo, Onkel Henry, haben Sie es gefunden?"

„Ja! Ich habe es! Und es ist tatsächlich der Hintergrund darauf. Es gibt keinen Zweifel, wo sich der Glockenturm befunden haben muss. Es ist ein Platz am Ufer der Seine – das ist der Fluss, der durch Paris fließt. Nicht weit von der Freiheitsstatue entfernt."

Lieselotte glaubte sich verhört zu haben. „Die Freiheitsstatue steht doch in Amerika, im Hafen von New York“, meldete sie.

Henry wurde ungeduldig. „Jajaja, Mädchen, stimmt schon. Aber die Freiheitsstatue ist ein Geschenk Frankreichs an Amerika zur Unabhängigkeit, und eine verkleinerte Nachbildung steht auf einer Brücke, nicht weit vom Eiffeltum entfernt. Auf dem Originalbild waren sowohl der Turm als auch die Statue zu sehen. Von der Spitze des Eiffelturms zur Spitze der Fackel der Freiheitsstatue war sogar eine Linie gezogen. Sie ging dann gerade weiter und traf genau auf den Schutthaufen, auf dem der grüne Glöckner tanzt. Dieser Punkt muss zu finden sein. Ich kenne mich in dieser Gegend aus.“ Onkel Henry nannte ein paar Gassen, in denen er den früheren Standpunkt des Glockenturms vermutete.

Lieselotte kritzelte die Namen hastig auf den Notizblock, der neben dem Telefon lag. „Wir ... wir ... werden uns das ansehen“, meinte sie und bedankte sich bei dem Mann. Als sie auflegte, traf sie der strenge Blick von Nicoles Vater.

„Ihr werdet nichts tun, sondern hier bleiben“, schärfte er dem Superhirn ein. „Ich verbiete euch, auch nur einen Schritt aus dem Haus zu machen. Geht in Nicoles Zimmer und bleibt dort. Das heißt, vorher will ich wissen, wer eure Eltern sind. Wo befinden sie sich?“

Axel berichtete, dass sich sein Vater vermutlich im Gästehaus neben dem Schloss aufhielt, und zog dann mit Lieselotte in Nicoles Chaos-Zimmer ab.

Dort liefen Axel und Lilo auf und ab. Sie hatten

Angst um ihre Kumpel und um Nicole. Beide machten sich Vorwürfe, dass sie sich getrennt hatten. Andererseits wollten sie nicht untätig herumlungern. Sie hatten immerhin den Hinweis auf den Standort des Glockenturmes. Sie wollten wenigstens dort ein bisschen rumschnüffeln. Vielleicht entdeckten sie eine Spur.

Erschöpft und entmutigt ließen sie sich schließlich auf Nicoles Bett fallen und starrten zur Decke.

Mindestens eine Stunde hatten sie vor sich hin gegrübelt, als im Nebenraum ein heftiges Gurren und Flattern zu hören war.

Lilo richtete sich kerzengerade auf. „Die Brieftaube ... sie ist zurück“, murmelte sie. „Nicole wollte Poppi doch zeigen, wie gut ihre Brieftauben sind. Axel, halte die Daumen, dass mein Gedanke stimmt“, flüsterte das Mädchen und sprang aus dem Bett. Es eilte in die Dachkammer zu dem Taubenschlag und knipste das Licht an. Prüfend ließ Lilo ihren Blick von einer Taube zur anderen streifen. Hatte irgendeine vielleicht eine kleine Metallkapsel am Bein befestigt, in der sich eine Nachricht befand?

Lilos Herz schlug schneller. Eine Taube trug tatsächlich eine glänzende Metallkapsel. Langsam ließ das Mädchen seine Hand in den Käfig gleiten und griff nach dem Tier ...

Ohne mich!

Es gelang Lieselotte die Taube zu nehmen und die Kapsel aufzuschrauben. In ihr steckte tatsächlich ein winziger Zettel aus Seidenpapier, der höchstens viermal so groß wie eine Briefmarke war. Die Botschaft, die er enthielt, war kurz und deutlich: „Hilfe! Rue St-Martin 3 unter dem Bagger. Holt uns raus!“ war mit Kugelschreiber in kleinen Buchstaben darauf gekritzelt. Da für Unterschriften kein Platz mehr auf dem Papierfetzen war, standen nur P, D und N da.

Axel war seiner Freundin nachgekommen und hatte ihr über die Schulter geblickt. „Spitzenmäßig“, stellte er begeistert fest. „Damit wissen wir, wo die drei gefangen gehalten werden. Das ist einfach irre. Ich verstehe nur nicht, was ‚unter dem Bagger‘ bedeuten soll.“

Lieselotte winkte ab. „Völlig egal. Wir müssen sofort hin.“

Axel sah da eine Schwierigkeit. „Die Lupins lassen uns niemals weg!“

Lieselotte hielt dieses Hindernis nicht für unüberwindbar. „Wir schleichen uns einfach davon. Vielleicht klappt es.“ Auf Zehenspitzen traten die beiden aus Nicoles Zimmer in den Vorraum. Sie hörten, wie sich Vater und Mutter Lupin im Wohnzimmer aufgeregt unterhielten und Madame Lupin immer wieder schluchzte.

Axel drückte die Klinke der Eingangstür nieder. Die Tür sprang trotzdem nicht auf. „Abgesperrt“, hauchte der Junge. Zum Glück brannte im Vorzimmer Licht und Lilo entdeckte schnell den Schlüsselbund, der neben dem Telefon lag. Sie hob ihn mit spitzen Fingern auf, damit er nicht klirrte, und brachte ihn zu Axel. Der Junge betrachtete prüfend die zahlreichen Schlüssel. Er verglich sie mit dem Schloss und erkannte, dass nur zwei in Frage kamen. Vorsichtig probierte er den ersten und atmete erleichtert auf. Er passte und ließ sich drehen. Das Schloss knackte dabei allerdings sehr laut.

Hastig öffnete der Junge die Tür und huschte auf den Gang. Lieselotte folgte ihm. „Sollen wir die Tür wieder zumachen?“, fragte Axel.

Lilo schüttelte den Kopf. Zu gefährlich.

Die beiden Juniordetektive hasteten die Treppe nach unten und wollten aus dem Haustor. Mist! Auch das war abgesperrt und die Schlüssel hatten sie oben stecken lassen. Zum Umkehren war es zu spät. Über ihren Köpfen hörten sie die Stimme von Monsieur Lupin. Er hatte ihre Flucht bemerkt.

Wieder kam ihnen der Zufall zu Hilfe. Denn das Haustor wurde von einem späten Heimkehrer von außen aufgesperrt. Blitzschnell drängten sich Axel und Lilo an ihm vorbei und liefen auf die Straße. Sie stoppten ein Taxi, nannten dem Fahrer die Adresse und atmeten erst ein paar Mal kräftig durch.

Leider war der Verkehr auch bei Nacht in Paris chaotisch und das Taxi kam nur langsam voran. Fast 40 Minuten vergingen, bis es endlich in die düstere Rue St-Martin einbog und vor dem leeren Grundstück hielt.

„Der Bagger, da steht er“, meldete Axel aufgeregt.

Lieselotte bezahlte und die beiden sprangen heraus. Sie kämpften sich über den platt gewalzten Schutt und durch die tiefen Löcher im Boden bis zu dem Bulldozer. Dort legten sie sich einfach flach auf den Boden und riefen durch die Spalte, die zwischen den breiten Stollen der Baggerketten und der Erde klafften: „Hallo . . . wir sind es. Axel und Lieselotte. Könnt ihr uns hören? Wo seid ihr?“

Aus weiter Ferne kam eine schwache Antwort. „Lilo . . . Axel . . . super!“, jubelte Dominik. „Wir sitzen in einem Schacht. Der Bagger steht genau über dem Ausgang. Ihr müsst ihn wegkriegen.“

Das war leichter gesagt als getan. „Wir versuchen es!“, versprach Lilo und dachte: „Aber macht euch keine Hoffnungen.“ Das Mädchen blickte seinen Kumpel Hilfe suchend an. „Was machen wir?“, fragte es.

Axel presste die Lippen nachdenklich aufeinander und meinte: „Weiß nicht. Aber borg mir deine Taschenlampe, ich sehe mir das Ding einmal an.“ Er kletterte über die monströsen Greifketten hinauf zum Führerhaus des Bulldozers und rüttelte an der Fahrertür. Sie war nur aus dünnem Metall und nicht abgesperrt. Axel pfiff erfreut durch die Zähne und schob sich auf den gut gefederten Fahrersitz. Vor sich hatte er nun das Lenkrad, verschiedene Hebel, die sehr nach Gangschaltung aussahen, und drei Pedale auf dem Boden. Er ertastete sogar ein Zündschloss . . . doch der Schlüssel fehlte. Axel schnaufte. Ohne Schlüssel war der Bagger nicht in Gang zu setzen. Als Autoknacker, der Zündungen kurzschließen und auf diese Weise starten konnte, hatte sich der Junge noch nie betätigt. Er besaß keine Erfahrung und betrachtete die Sache deshalb als aussichtslos.

„Was ist? Schaffst du es?“, wollte Lieselotte wissen.

„Nein!“, rief Axel.

„Hätte ich mir denken können“, brummte das Superhirn.

Diese Bemerkung brachte den Jungen zur Weißglut. Was bildete sich die blöde Gans ein? Für wen hielt sie sich? Für Frau Superschlau? Axel packte nun der Ehrgeiz. Er riss an den Schalthebeln und drehte an dem Lenkrad. Er trat auf die Pedale und schlug auf das Armaturenbrett. Nichts! Kein Erfolg! „Mist, Mist, Mist!“, fluchte Axel.

Da entdeckte er noch einen Hebel, den er bisher übersehen hatte. Er besaß vorn einen Knopf, den Axel drückte. Er spürte ein leises Knacksen und konnte ihn jetzt anheben. Der Hebel rastete aus und ließ sich umlegen.

Es war wie ein Wunder! Der Bagger setzte sich in Bewegung. Er rasselte ein, zwei Meter vorwärts und kam wieder zum Stillstand. Der Hebel musste eine Art Handbremse sein. Zweifellos war der Bulldozer leicht schief gestanden und dadurch ins Rollen gekommen.

„Was ist?“, fragte der Junge durch die offene Fahrertür. „Ist das Loch frei?“

„Ja!“, meldete Lieselotte. „So halb auf jeden Fall. Klasse gemacht!“

Stolz kletterte Axel aus dem Führerhaus und lief zu Lilo.

Aus der Tiefe ertönte das Keuchen und Schnaufen von Poppi, Dominik und Nicole. Erschöpft und sehr erleichtert krochen die drei ins Freie und richteten sich stöhnend auf. Das lange Stehen machte sich schmerzhaft bemerkbar. Ihnen tat jeder Knochen einzeln weh.

„Es war unser Glück, dass ich die Brieftaube nicht schon vom Eiffelturm losgeschickt habe und die Öffnung groß genug für sie war. Aber jetzt nichts wie nach Hause und unter die heiße Dusche!", rief Nicole sehr erleichtert.

„Unmöglich!", stellte Lieselotte fest. „Dein Onkel schwebt deinetwegen in großer Gefahr. Wir müssen versuchen ihm zu helfen. Wir könnten vielleicht den Platz finden, zu dem er gefahren ist. Es handelt sich nur um einen Verdacht, aber wir haben schon so viele Fälle gelöst ... Vielleicht sind wir auf der richtigen Spur!"

Nicole starrte die vier Knickerbocker-Freunde fassungslos an. „Ist das wirklich euer Ernst?", fragte das Mädchen.

Die Juniordetektive nickten gleichzeitig. Alle vier waren fix und fertig, aber sie wussten, dass es jetzt um viel ging. Vor allem stand die Lösung des Rätsels um den grünen Glöckner bevor.

„Ohne mich!", verkündete Nicole. „Ich ... mir ... mir reicht es."

Lieselotte verstand das. „Du bist eben kein echter Knickerbocker, aber mach dir nichts draus. Gib uns bitte dein Geld. Wir brauchen es zum Bezahlen des Taxis!"

Nicole reichte der Bande ihr gesamtes Barvermögen und begleitete die vier zur nächsten großen Straße. Dort verabschiedeten sie sich voneinander.

Die vier Freunde nahmen das nächste Taxi, das sie bekommen konnten, und Lieselotte zählte einige der Straßen auf, die ihr Onkel Henry genannt hatte. „Dorthin wollen wir", meinte sie. Der Lenker des

Taxis war sehr verwundert über seine Fahrgäste. Aber er fuhr los. Das war die Hauptsache. Die Knickerbocker-Bande stand unter Hochspannung!

Der Turm

Im Schritttempo steuerte der Taxichauffeur seinen Wagen durch die Gassen, die ihm Lieselotte genannt hatte. Die vier Juniordetektive reckten die Hälse und blickten sich um. Eigentlich wussten sie gar nicht, wonach sie suchten. Sie schauten einfach und hofften etwas Verdächtiges zu entdecken. „Hier sind nur Häuser“, meldete Dominik mutlos. „Häuser, Häuser, nichts als Häuser.“ Auch die anderen Knickerbocker-Kumpel wurden langsam ratlos. Schließlich gab Lilo dem Fahrer ein Zeichen anzuhalten, bezahlte und stieg aus. Die anderen erhoben sich widerwillig. Sitzen war viel bequemer.

Das Superhirn blickte an einem der alten Häuser empor und hatte plötzlich einen Einfall. Es rüttelte an mehreren Haustoren, bis sich eines öffnen ließ. „Kommt mit!“, kommandierte Lilo und hastete zum Stiegenhaus. Sie hetzte die Treppen nach oben, bis es nicht mehr weiterging. Sie suchte ein Gangfenster, öffnete es und beugte sich hinaus. Von hier oben sah sie den Eiffelturm. An seiner Spitze blinkte ein rotes Licht als Warnung für tief fliegende Flugzeuge. Wo sich die kleine Freiheitsstatue befand, konnte sie nicht erkennen. Aber etwas anderes entdeckte das Mädchen. In gerader Linie vor dem Eiffelturm erhob sich ein anderer steinerner Turm zwischen den Hausdächern. „Ich wette, das ist er!“, keuchte Lilo mit trockener Kehle. Sie warf einen Blick auf die Straße hinunter und versuchte sich zu orientieren. Sie mussten wissen, in welche Richtung sie gehen sollten. Nachdem sich das Mädchen alles eingeprägt hatte, schloss es das Fenster wieder und raste die Treppen nach unten.

Auf der Straße konnten ihr die anderen nur hinterherrennen. Lieselotte war voll konzentriert. Jetzt nur nicht die Richtung verlieren! Orientierung war normalerweise ihre Stärke. Ihr Vater hatte ihr beim Bergsteigen einiges beigebracht.

Lieselotte hatte schon fast den Eindruck, falsch zu laufen, als plötzlich der Turm vor ihnen stand. Es handelte sich nicht um einen Kirchturm, sondern um ein baufälliges, sehr schmales und hohes Gebäude, das unterhalb des Daches mehrere Bogenfenster besaß, die an Kirchenfenster erinnerten. Die geschlossenen Fensterläden verhinderten, dass sie sehen konnten, was sich dahinter befand.

Die Bande trat vor das hohe, geschwungene Holztor und die vier Mitglieder blickten einander fragend an. „Sollen wir . . .?“, fragte Lieselotte leise.

Dominik, der sich die ganze Zeit umgesehen hatte, ob ihnen vielleicht jemand folgte, stieß die anderen mit dem Ellbogen an und flüsterte: „Dort drüben . . . schaut mal . . . da steht der große Wagen von Monsieur Lupin.“

Jetzt entdecken ihn die anderen auch. „Das ist die Antwort, wir sollen“, wisperte das Superhirn und drückte die Klinke.

Das Holztor klemmte und ließ sich nur einen schmalen Spaltbreit aufziehen, durch den die Juniordetektive in den Turm gelangen konnten. Sie befanden sich in einem Raum, der bis unter das Dach zu reichen schien und von schwachem, flackerndem Licht erfüllt war. An den Innenwänden zog sich eine Holztreppe nach oben. Auf jeder dritten Stufe brannte eine Kerze. In der Mitte des Raumes baumelte ein dickes, abgegriffenes Seil.

Über ihren Köpfen knarrte und krachte es. Axel, Lilo, Poppi und Dominik warfen die Köpfe nach hinten und blickten in die Höhe. Über ihnen baumelte tatsächlich eine große, schwere Glocke. Rund um sie war eine Holzbrüstung zu erkennen und auf ihr stand... der grüne Glöckner. Er schien die vier Neuankömmlinge nicht bemerkt zu haben, denn er war mit jemand anderem beschäftigt.

Auf der Treppe, nur noch wenige Stufen von der Plattform entfernt, stand Monsieur Lupin. Er hielt einen Mini-Scheinwerfer in der Hand und leuchtete dem Glöckner damit in sein entstelltes Gesicht. Der Franzose redete auf die geheimnisvolle Figur ein, aber der Glöckner antwortete nicht. Keuchend humpelte er auf der Plattform hin und her und bedeutete dem Mann näher zu kommen. Monsieur Lupin blieb wie angewurzelt stehen und sprach unentwegt weiter.

Der grüne Glöckner wurde ungeduldig. Er machte Bewegungen mit der Hand, die zeigen sollten, dass er jemandem den Hals durchschneiden wollte. Diese Drohung reichte, um den Parfümhersteller zum Weitergehen zu veranlassen. Jetzt stand er auf der Plattform neben der Glocke.

Der Glöckner hinkte auf ihn zu und Monsieur Lupin wich zurück. Zu spät. Der Bucklige hatte ein Lasso über ihn geworfen und zog es zu. Das Seil fesselte die Arme Lupins fest an dessen Körper. Der Franzose war vor Schreck wie gelähmt und wehrte sich auch nicht, als der Glöckner weitere Seilschlingen unter seinen Achseln durchfädelte und um seine Brust wickelte. Nachdem er das getan hatte, versetzte ihm das Ungeheuer einen Tritt. Die Knickerbocker-Bande, die alles beobachtet hatte, schrie auf. Monsieur Lupin stürzte von der Plattform an der Glocke vorbei in die Tiefe.

Bereits nach wenigen Metern endete sein Fall. Mit einem heftigen Ruck blieb er im Seil hängen, dessen anderes Ende der Glöckner an der Plattform befestigt hatte. Der Parfümhersteller starrte mit vor Angst geweiteten Augen in die große Leere unter seinen Füßen. Dort erkannte er die Juniordetektive und rief: „Verschwindet! Haut ab! Sonst tut er euch auch noch etwas an. Haut ab! Raus!“

Der grüne Glöckner rannte auf der Brüstung rund um die Glocke und knurrte und schnaubte wütend. Axel durchschaute sehr schnell seinen Plan. „Der Mistkerl hält ein Messer in der Hand!“, brüllte er. „Er will das Seil durchschneiden!“

Monsieur Lupin rief dem Glöckner aufgeregt etwas zu, aber dadurch wurde dieser noch zorniger. Er ließ sich auf die Knie sinken und setzte die Schneide des Messers am Seil an. Drohend grunzte er seinem Gefangenen etwas zu.

„Nein . . . das darf er nicht tun!“ Axel rannte die Treppe nach oben. Der grüne Glöckner erschrak darüber so sehr, dass er aufsprang und nun dem Jungen mit dem Messer drohte.

„Monsieur Lupin . . . was . . . was soll das . . .?“, rief Lieselotte.

„Ich . . . ich habe etwas Entsetzliches getan . . . vor 27 Jahren . . . Ich habe einen Menschen . . . im Keller

CLANG

dieses Turmes ... lebendig eingemauert. Ich dachte, er sei tot, aber er ist es nicht ... es ist alles aus!"

Diese Mitteilung war ein Schock für die Bande. Axel hatte den grünen Glöckner fixiert und ließ ihn nicht aus den Augen. Das machte das Monster unruhig und hielt es auch davon ab, das Seil durchzuschneiden. Der Junge hatte mittlerweile die Hälfte der Treppe zurückgelegt. Der grüne Glöckner grunzte und zückte das Messer. Aber Axel ließ sich nicht einschüchtern.

„Dreh um, Axel ... lass ihn ... geht weg ... Euch darf nichts geschehen! Ich ... ich bekomme meine Strafe ...!“

Der Knickerbocker hörte nicht auf das Wimmern des Mannes. Er war nicht bereit aufzugeben. In seinem Kopf hämmerten die Gedanken. „Wer steckt unter der Maske? Das ist kein Geist! Das ist ein Mensch! Er will Rache! Er will, dass Lupin leidet und um sein Leben zittert. Deshalb tut er das. Der Mann soll Höllenqualen ausstehen. Aber wozu?“

Wie ein Roboter setzte der Junge seinen Weg fort. Der Rest der Bande stand unten und verfolgte jede seiner Bewegungen.

„Bitte, bitte, es darf ihm nichts geschehen“, murmelte Poppi vor sich hin.

„Der grüne Glöckner ist ein Mensch, der sich im Schloss von Monsieur Lupin hat einschließen lassen“, zwang sich Axel weiterzudenken. „Dafür kommen nur wenige in Frage. Eigentlich nur Nicole und Pierre Remy.“

Und mit einem Schlag war Axel klar, mit wem er es zu tun hatte. Er öffnete den Mund und rief den wahren Namen des grünen Glöckners.

„Rose, wieso machen Sie das?“, schrie Axel. „Warum? Was haben Sie damit zu tun?“ Das Wort Rose wirkte auf den grünen Glöckner wie ein elektrischer Schlag. Er bäumte sich auf und ließ gleich darauf kraftlos die Arme sinken.

Axel war eingefallen, dass außer dem Fotografen und Nicole doch auch die Sekretärin von Monsieur Lupin im Schloss gewesen war. An sie hatte die Knickerbocker-Bande nie gedacht. Dabei hatte sie in der Fabrik überall Zutritt. Die Zigarre hatte Lieselotte auf eine falsche Spur geführt. Rose hatte sie, nachdem sie sich verkleidet hatte, im Aschenbecher gefunden und angezündet. Möglicherweise, um den Verdacht auf jemand anderen zu lenken. Vielleicht aber auch, um sich selbst zu beruhigen.

Axel war an der Frau bereits bei der ersten Begegnung etwas aufgefallen: Sie besaß überaus starke Oberarme und Waden, die sehr trainiert zu sein schienen. Der Rest ihres Körpers war hingegen zart und schwach. Der Fotograf kam als grüner Glöckner aus einem einfachen Grund nicht in Frage: Er war zu groß. Der Junge verstand nicht, wieso ihm das nicht schon früher aufgefallen war.

Rose erholte sich schnell von dem Schock. Sie kniete sich an den Rand der Plattform und machte sich daran, das Seil durchzuschneiden. Axel begann die Treppe nach oben zu rennen. Er nahm immer drei Stufen auf einmal und schrie: „Nicht . . . tun Sie das nicht! Nein!

Das ist Mord!“ Die zarte Frau ließ sich davon nicht aufhalten. Axel war nicht mehr weit von der Plattform entfernt. Er legte noch einen Zahn zu und versuchte vier Stufen auf einmal zu bewältigen. Das war aber doch zu viel. Er rutschte aus und verlor das Gleichgewicht. Seine Freunde schrien auf. Die Treppe besaß kein Geländer und ihr Kumpel drohte abzustürzen.

Axel torkelte und krachte auf das harte Holz. Er polterte einige Stufen hinunter und sein rechtes Bein rutschte über die Kante der Treppe. In letzter Sekunde gelang es dem Jungen, sich in dem rauen Holz festzukrallen und seinen Absturz zu stoppen. Er blieb regungslos liegen und rang nach Luft.

Rose hatte ihr schreckliches Vorhaben nur für Sekunden unterbrochen. „Nicht!“, brüllte Monsieur Lupin verzweifelt.

Lieselotte starrte nach oben und hatte plötzlich eine Idee. „Los, wir reißen alle gleichzeitig an dem Glockenseil! Hängt euch mit eurem vollen Gewicht daran!“, befahl das Superhirn.

Lilo, Poppi und Dominik sprangen fast gleichzeitig in die Höhe und rissen an dem dicken Tau. Dadurch begann die schwere Glocke zu schwingen. Zuerst auf die eine und dann auf die andere Seite, genau zu der Stelle, wo Rose kniete. Sie konnte nicht mehr rechtzeitig ausweichen und wurde von dem harten Metall des Glockenrandes gegen die Wand geschleudert. Dabei entglitt ihr das Messer und fiel in die Tiefe. Mit einem leisen Klirren landete es auf dem Steinboden.

„Die Polizei . . . schnell, wir müssen die Polizei verständigen!“, rief Lieselotte.

Die dumpfen, dröhnenden Schläge der Glocke ertönten, als ob sie der Knickerbocker-Bande zu Hilfe kommen wollten und nach Unterstützung riefen.

Als die Polizei wenig später eintraf, nahm sie Rose vorerst fest und rettete Monsieur Lupin aus seiner gefährlichen Lage. Der Parfümhersteller kam freiwillig mit und legte noch in derselben Nacht ein Geständnis ab.

Zwei Tage später stand die Geschichte des grünen Glöckners als doppelseitiger Bericht in der Zeitung. Axel, Lilo, Poppi und Dominik lagen bei Nicole auf dem Boden und ließen sich den Artikel von ihr übersetzen. Seit ihrer Rückkehr aus dem Turm vermieden die vier Knickerbocker jede unnötige Bewegung, da ihnen ihre Beine und Arme von den Strapazen dieses Abenteuers schrecklich wehtaten.

„Onkel Jacques ist – es tut mir Leid, es zu sagen – ein schlechter Mensch", erzählte Nicole. „Stellt euch vor: Ungefähr vor 90 Jahren ist es einem Museumswächter aus dem Louvre gelungen, Bilder, Statuen und eine Goldmünzensammlung mit über 12 000 Münzen zu stehlen, ohne dass er dabei ertappt wurde. Er hat die Beute in einem Stollen unter dem Glockenturm versteckt und einen Hinweis für die Nachwelt angefertigt: das Bild des grünen Glöckners. Es zeigt den Platz, wo sich der Schatz befindet. Allerdings muss man dazu sein Geheimnis entschlüsseln können. Es verbarg sich im Hintergrund mit dem Eiffelturm, der Freiheitsstatue und der rätselhaften Linie.

Dieser Museumswächter wollte die gestohlenen Sachen gar nicht für sich haben. Er sah sich vielmehr als

Wohltäter seiner Kinder. Deshalb schrieb er den Hinweis auf das Bild in sein Tagebuch und hoffte, dass eines seiner Kinder ihn eines Tages entdecken würde. Das Bild selbst hängte er im Louvre auf, trug es sogar in die Inventarlisten ein und behauptete allerorts, es wäre schon immer da gewesen. Der Mann ist aber gestorben, bevor er seinen Kindern das Tagebuch übergeben konnte. So blieb es in einem der unzähligen Zimmer des Louvre in einer Schreibtischschublade liegen.

Dort hat es vor 27 Jahren Roses Vater gefunden, der ebenfalls Museumsaufseher war. Dieser Mann war von besonderer Neugier und hat es genau durchgelesen und dabei den Hinweis entdeckt. Vor lauter Freude über den bevorstehenden Reichtum hat er sich ein paar Gläser Wein zu viel hinter die Binde gegossen und im Rausch mit einem anderen Gast des Bistros zu reden begonnen. Er hat ihm alles erzählt. Ratet mal, wer dieser andere Gast war?“

Die Knickerbocker-Freunde wussten es: Jacques Lupin. „Am nächsten Tag ist Roses Vater sofort in den Louvre geeilt und hat dort das Bild fotografiert und anschließend zerstört. Für ihn war das eine Kleinigkeit, denn er hielt in diesem Raum selbst Wache. Er ließ das Foto entwickeln und machte sich auf die Suche nach dem Versteck. Er hat es tatsächlich in einem der vielen unterirdischen Stollen gefunden. Der Zugang ist eine einfache Falltür und befindet sich unter der Holztreppe. Als der Mann allerdings mit den Münzen hinaus wollte, wurde er niedergeschlagen. Von meinem Onkel Jacques, der ihn seit der Begegnung im Bistro verfolgt hatte. Er hat Roses Vater lebendig in dem

Versteck eingemauert. Er hat die Falltür zugemörtelt. Stellt euch das vor." Nein, das wollte sich die Bande gar nicht vorstellen!

Nicole war noch nicht fertig. „Onkel Jacques ist mit der Münzsammlung abgezogen und hat die Hälfte davon verkauft. Da es sich um Münzen handelte, von denen es zum größten Teil nur noch eine einzige auf der Welt gab, hat er ein Vermögen dafür bekommen. Es hat gereicht, um damit das Schloss zu kaufen und die Parfümfabrik zu gründen. Der Rest liegt in seinem Safe im Keller."

„Ist Roses Vater in dem Keller verhungert und verdurstet?", wollte Dominik wissen. Er war sehr erleichtert, als Nicole den Kopf schüttelte.

„Nein! Es war wie ein Wunder. Normalerweise kam nie jemand in den Glockenturm. Doch ein paar Kinder haben dort Verstecken gespielt und dabei die Schreie des Mannes gehört. Er wurde befreit. Nach 18 Tagen ohne Nahrung und frisches Wasser. Der Schock hat ihm viele Jahre zu schaffen gemacht. Er wusste natürlich, wem er das alles zu verdanken hatte. Aber er konnte sich nicht daran erinnern, wie der Mann ausgesehen hatte, dem er sein Geheimnis anvertraut hatte. Erst Jahre später fiel ihm plötzlich ein, dass sein Peiniger an einer Hand sechs Finger hatte. Ja, das ist wahr. Onkel Jacques schämt sich deswegen und trägt aus diesem Grund immer Handschuhe. Vor einem Jahr hat das Fernsehen einen Film über ihn gedreht. Dabei wurde gezeigt, wie er neue Parfüms mischte und auf seiner Haut testete. Dazu legte Onkel Jacques die Handschuhe ab. Auch den der rechten Hand. Seine sechs Finger waren zu sehen. Rose hat sie bemerkt und sah nun die Zeit der Rache gekommen. Sie wollte Onkel Jacques für das bestrafen, was er ihrem Vater angetan hatte. Deshalb schlich sie sich in seine Firma als Sekretärin ein. Und nun – zum 27. Jahrestag der schrecklichen Tat – hat sie zugeschlagen. Ein paar Jahre Gefängnis wird die Sache für die beiden bestimmt bedeuten."

Die vier Juniordetektive waren stolz auf sich. Sie hatten eine gigantische Geschichte aufgedeckt. Aber eine Frage war noch offen geblieben: „Nicole, was hat Pierre Remy am Nachmittag im Moulin Rouge getan und wieso hat er auf mich geschossen?", wollte Axel wissen.

Das Fotomodell hatte mittlerweile mit dem Fotografen telefoniert und konnte das Rätsel aufklären. „Pierre ist total in die Krokodil-Vorführerin verknallt und hat sich mit ihr dort getroffen. Die beiden haben sich im dunklen Theater zu einem kleinen Rendezvous zurückgezogen und dazu eine Flasche Champagner geöffnet. Du hast das Knallen des Korkens gehört und ihn sogar aufs Knie bekommen. Verletzt musst du dich aber beim erschrockenen Aufsprung haben. Pierre entschuldigt sich für die Angst, die er dir eingejagt hat."

Dominik zog auch eine Lehre aus diesem Fall. „Nie wieder verrate ich einem Fremden etwas am Telefon", schwor er. „Die Frau, die angerufen hat, war nämlich nicht Nicoles Mutter, sondern Rose. Madame Lupin versteht kein Wort Deutsch. Und durch meine Auskunft habe ich Rose auf Nicoles Spur gebracht!"

„Vergiss es", beruhigte Lieselotte ihn. „Auch ein Knickerbocker kann sich einmal irren."

In einem irrte sich die Bande allerdings nicht. Es gab noch viele andere Abenteuer, die auf sie warteten. Das nächste sollte sie sogar nach New York führen. Auf eine Reise des Schreckens . . .

KNICKERBOCKER-SONG

C: Klaus Back/Tini Beier
T: Thomas Brezina

2. Habt ihr ein Problem, dann nehmt ganz bequem das Telefon zu Hande.
Wenn es bei euch spukt und der Eisschrank ruckt, ruft die Knickerbocker-Bande.

Satz&Layout: Gerhard Krammer

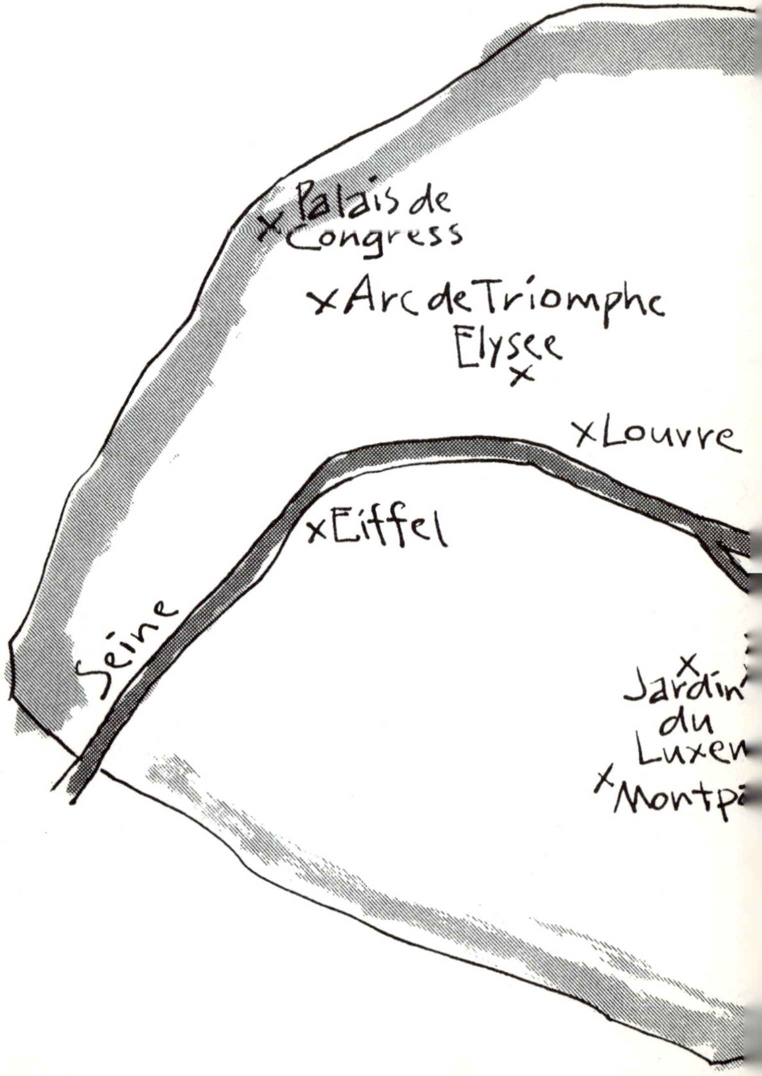
Palais de Congress
Arc de Triomphe
Elysee
Louvre
Eiffel
Seine
Jardin du Luxen
Montp

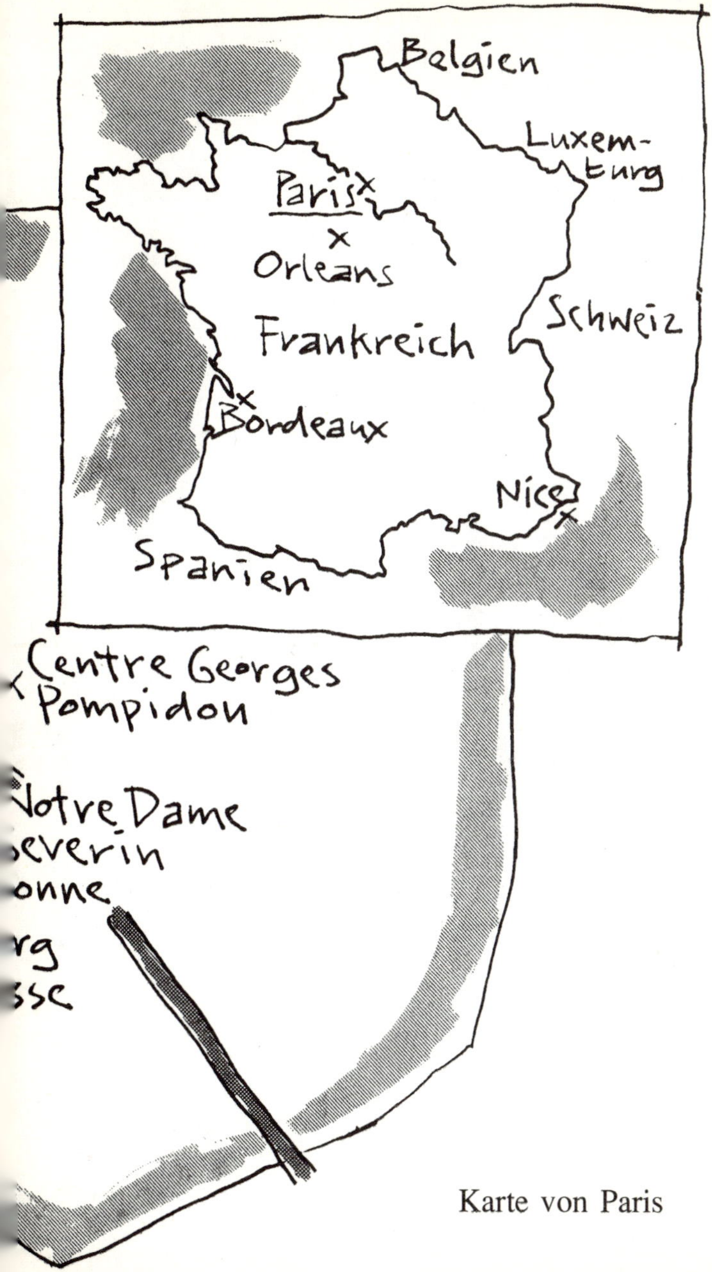

Karte von Paris

THOMAS BREZINA

DIE KNICKERBOCKERBANDE

Die Knickerbocker-Bande,
das sind:
der 13-jährige Axel (klein, aber eine Sport-Kanone), die gleichaltrige Lilo (Ski-Ass und Krimi-Fan), die 9-jährige Poppi (Besitzerin eines Mini-Zoos) und der 10-jährige Dominik (Leseratte und der Einstein der Bande). Die vier sind nicht nur gute Freunde, sondern auch Junior-Detektive, die viele Fälle in aller Welt gelöst haben.
Ihr Motto: Vier Knickerbocker lassen niemals locker!

DIE KNICKERBOCKER-BANDE

Band 1 OMNIBUS Nr. 20113
Die Nacht der Weißwurst-Vampire
Band 2 OMNIBUS Nr. 20123
Der Ruf des Gruselkuckucks
Band 3 OMNIBUS Nr. 20111
Ein Ufo namens Amadeus
Band 4 OMNIBUS Nr. 20124
Bodensee-Piraten auf der Spur
Band 5 OMNIBUS Nr. 20125
Treffpunkt Schauermühle
Band 6 OMNIBUS Nr. 20112
Die Tonne mit dem Totenkopf
Band 7 OMNIBUS Nr. 20209
Rätsel um das Schneemonster
Band 8 OMNIBUS Nr. 20110
Wenn die Turmuhr 13 schlägt
Band 9 OMNIBUS Nr. 20131
Das Zombie-Schwert des Sultans
Band 10 OMNIBUS Nr. 20132
SOS vom Geisterschiff
Band 11 OMNIBUS Nr. 20133
Lindwurmspuk vor Mitternacht
Band 12 OMNIBUS Nr. 20134
Wo ist der Millionenstorch?
Band 13 OMNIBUS Nr. 20221
Kolumbus und die Killerkarpfen
Band 14 OMNIBUS Nr. 20222
Jagd auf den Hafenhai
Band 15 OMNIBUS Nr. 20174
Das Phantom der Schule
Band 16 OMNIBUS Nr. 20175
Der Fluch des Schwarzen Ritters
Band 17 OMNIBUS Nr. 20350
Schokolade des Schreckens
Band 18 OMNIBUS Nr. 20351
Die Rache der roten Mumie
Band 19 OMNIBUS Nr. 20381
Der grüne Glöckner

OMNIBUS Der Taschenbuchverlag für Kinder und Jugendliche von C. Bertelsmann